Wilfried Gawehn

FORTRAN IV/77-Programm zur FINITE-ELEMENTE-METHODE

**Aus dem Programm
Maschinenbau/Informatik**

FINITE-ELEMENTE-METHODE
Lehrbuch
Grundbegriffe der Energiemethoden und
FEM in der linearen Elastostatik,
von Wilfried Gawehn

**FORTRAN IV/77-Programm zur
FINITE-ELEMENTE-METHODE**
Ein FEM-Programm für die Elemente
Stab, Balken und Scheibendreieck,
von Wilfried Gawehn

Elemente der Mechanik,
Band 2: Elastostatik,
von Theodor Lehmann

Stabtragwerke
Matrizenmethoden der Statik und Dynamik,
Teil 1: Statik,
von Michael Lawo und Georg Thierauf

Einführung in die Methoden der
Numerischen Mathematik,
von Wolfgang Böhm und Günter Gose

CAD-Systeme
Grundlagen und Anwendung der
geometrischen Datenverarbeitung,
von Erwin Lacher

Vieweg

Wilfried Gawehn

FORTRAN IV/77-Programm zur FINITE-ELEMENTE-METHODE

**Ein FEM-Programm
für die Elemente Stab, Balken
und Scheibendreieck**

Mit 22 Abbildungen
und 15 Beispielen

Friedr. Vieweg & Sohn   Braunschweig / Wiesbaden

CIP-Kurztitelaufnahme der Deutschen Bibliothek

Gawehn, Wilfried:
FORTRAN IV 77-Programm zur Finite-Elemente-
Methode: e. FEM-Programm für d. Elemente Stab,
Balken u. Scheibendreieck / Wilfried Gawehn. —
Braunschweig; Wiesbaden: Vieweg, 1985.

1985

Umschlaggestaltung: Peter Neitzke, Köln
Druck und buchbinderische Verarbeitung: Lengericher Handelsdruckerei, Lengerich

ISBN-13: 978-3-528-03356-9   e-ISBN-13: 978-3-322-84319-7
DOI: 10.1007/978-3-322-84319-7

VORWORT

Das in demselben Verlag erschienene Lehrbuch des Verfassers über die
Finite-Elemente-Methode in der linearen Elastostatik wird hier durch ein
FEM-Programm ergänzt, das die Elementtypen Stab (2D,3D), Balken (2D,3D)
und das ebene lineare Scheibendreieck realisiert. Es lassen sich leicht
weitere Elementtypen implementieren. Das Programm ist in FORTRAN IV ge-
schrieben. Es werden Hinweise gegeben, wie es sich in FORTRAN 77 für den
IBM-PC umschreiben läßt. Das vorgestellte Programmpaket ist sowohl auf
Großrechnern wie auf Personalcomputern lauffähig.

Auch auf Personalcomputern können Strukturen mit großer Bandbreite berechnet werden. Als Lösungsalgorithmus für das lineare Gleichungssystem
der Gesamtsteifigkeitsbeziehung wurde das Cholesky-Verfahren gewählt, das
auf Bandmatrizen reduziert wird. Dabei wird nur das in der rechten Bandhälfte jeweils aktuelle "Dreieck" im Arbeitsspeicher gehalten. Die Eingabedaten und die Gesamtsteifigkeitsmatrix werden in externen Dateien gespeichert. Das bedeutet einen geringen Arbeitsspeicherbedarf, aber höhere
Rechenzeiten gegenüber Verfahren, die die komplette Gesamtsteifigkeitsbeziehung im Arbeitsspeicher halten.

Das Quellprogramm ist mit ausführlichen Kommentaren versehen, so daß
der Ablauf leicht verstanden werden kann. Die einzelnen Moduln werden im
übrigen hinsichtlich ihrer Funktion genau beschrieben. Der Autor hat bei
der Konzeption den didaktischen Gesichtspunkt in den Vordergrund gestellt.
So ist das Programm für denjenigen gedacht, der selbst in die Erstellung
von FEM-Programmen einsteigen, dieses Programm ändern oder erweitern will
oder nur Anregungen sucht. Andererseits kann das Programm z.B. in Ingenieur-
büros Anwendung finden, die z.B. Fachwerk- oder Rahmenprobleme behandeln.

Das Programm ist etwa ein Jahr im Einsatz, so daß eine Reihe kleinerer
Fehler beseitigt und die Überprüfung der Eingabedaten durch das Programm
verbessert werden konnten. Die im Abschnitt 11 vorgeschlagenen Änderungen
und Erweiterungen sind allerdings nicht im Dauerbetrieb getestet worden.

Die Numerierung der Abschnitte wird im Anschluß an den ersten Band,
"FINITE-ELEMENTE-METHODE, Lehrbuch", mit § 7 fortgesetzt, so daß sich der
Verfasser durch Angabe der Abschnittsnummern immer eindeutig auf den ent-
sprechenden Band beziehen kann.

An der Erstellung des Programms waren im Rahmen von Diplomarbeiten die
Diplomingenieure (FH) Frank Eschmann, Peter Hampel und Thomas Rolf beteiligt.

Osnabrück, Januar 1985

Wilfried Gawehn

7 DIE VERWENDETEN ELEMENTTYPEN

In diesem Abschnitt werden die im FEM-Programm verwendeten Elementtypen entwickelt, soweit dies im Band 1 noch nicht geschehen ist. Es werden
die globalen ES-Matrizen für den ebenen und räumlichen Stab, für den
ebenen und räumlichen Balken und für das ebene Scheibendreieck kon-
struiert. Wir beginnen mit der ES-Matrix für den Stab, wobei wir kurz an
die Darstellung im Abschnitt 5.1 und im Beispiel 1.14 anknüpfen.

7.1 Die ES-Matrix für den ebenen Stab

Die lokale Steifigkeitsbeziehung für den Stab entnehmen wir der Beziehung (5.6):

$$\begin{bmatrix} F_{\hat{x}1} \\ F_{\hat{x}2} \end{bmatrix} = \frac{A \cdot E}{L} \cdot \begin{bmatrix} 1 & -1 \\ -1 & 1 \end{bmatrix} \cdot \begin{bmatrix} \hat{u}_1 \\ \hat{u}_2 \end{bmatrix} \quad . \tag{5.6}$$

Die formale Erweiterung auf das lokale $\hat{x}\hat{y}$-Koordinatensystem unter Einbe-
ziehung der $\hat{y}$-Richtung ergibt die Beziehung (5.8):

$$\begin{bmatrix} F_{\hat{x}1} \\ F_{\hat{y}1} \\ F_{\hat{x}2} \\ F_{\hat{y}2} \end{bmatrix} = \frac{A \cdot E}{L} \cdot \begin{bmatrix} 1 & 0 & -1 & 0 \\ 0 & 0 & 0 & 0 \\ -1 & 0 & 1 & 0 \\ 0 & 0 & 0 & 0 \end{bmatrix} \cdot \begin{bmatrix} \hat{u}_1 \\ \hat{v}_1 \\ \hat{u}_2 \\ \hat{v}_2 \end{bmatrix} \quad , \tag{5.8}$$

$$\hat{\vec{F}} = \widetilde{K}_e \cdot \hat{\vec{w}} \quad .$$

Die Transformationsbeziehung zwischen den lokalen und globalen Größen ist
im Beispiel 1.14 hergeleitet worden:

$$\hat{\vec{w}} = \begin{bmatrix} \cos\alpha & \sin\alpha & 0 & 0 \\ -\sin\alpha & \cos\alpha & 0 & 0 \\ 0 & 0 & \cos\alpha & \sin\alpha \\ 0 & 0 & -\sin\alpha & \cos\alpha \end{bmatrix} \cdot \vec{w} = T_e \cdot \vec{w} \tag{1.19}$$

bzw.

$$\hat{\vec{F}} = T_e \cdot \vec{F} \quad .$$

Durch Einsetzen dieser Beziehungen in (5.8) erhalten wir die globale ES-
Matrix K_e:

$$\vec{F} = T_e^T \cdot \widetilde{K}_e \cdot T_e \cdot \vec{w} = K_e \cdot \vec{w} \quad , \tag{5.11}$$

wobei

$$K_e = \frac{A \cdot E}{L} \cdot \begin{bmatrix} \cos^2\alpha & \cos\alpha\cdot\sin\alpha & -\cos^2\alpha & -\cos\alpha\cdot\sin\alpha \\ \cos\alpha\cdot\sin\alpha & \sin^2\alpha & -\cos\alpha\cdot\sin\alpha & -\sin^2\alpha \\ -\cos^2\alpha & -\cos\alpha\cdot\sin\alpha & \cos^2\alpha & \cos\alpha\cdot\sin\alpha \\ -\cos\alpha\cdot\sin\alpha & -\sin^2\alpha & \cos\alpha\cdot\sin\alpha & \sin^2\alpha \end{bmatrix} \qquad (5.12)$$

Ist der Stab durch die Koordinaten der beiden Knoten $K1(x_1/y_1)$ und $K2(x_2/y_2)$ gegeben, berechnen sich die erforderlichen Größen zu

$$L = \sqrt{(x_2-x_1)^2 + (y_2-y_1)^2} \quad ,$$

$$\cos\alpha = \frac{x_2-x_1}{L} \quad , \qquad \sin\alpha = \frac{y_2-y_1}{L} \quad . \qquad (7.1)$$

Die Querschnittsfläche A und der Elastizitätsmodul E sind vorzugeben.

7.2 Die ES-Matrix für den räumlichen Stab

Das Fachwerk ist in ein xyz-Koordinatensystem eingebettet, jeder Stab hat ein lokales $\hat{x}\hat{y}\hat{z}$-System. Die lokale Steifigkeitsbeziehung (5.6) läßt sich für den dreidimensionalen Fall entsprechend (5.8) auch hier erweitern:

$$\begin{bmatrix} F_{\hat{x}1} \\ F_{\hat{y}1} \\ F_{\hat{z}1} \\ F_{\hat{x}2} \\ F_{\hat{y}2} \\ F_{\hat{z}2} \end{bmatrix} = \frac{A \cdot E}{L} \begin{bmatrix} 1 & 0 & 0 & -1 & 0 & 0 \\ 0 & 0 & 0 & 0 & 0 & 0 \\ 0 & 0 & 0 & 0 & 0 & 0 \\ -1 & 0 & 0 & 1 & 0 & 0 \\ 0 & 0 & 0 & 0 & 0 & 0 \\ 0 & 0 & 0 & 0 & 0 & 0 \end{bmatrix} \cdot \begin{bmatrix} \hat{u}_1 \\ \hat{v}_1 \\ \hat{w}_1 \\ \hat{u}_2 \\ \hat{v}_2 \\ \hat{w}_2 \end{bmatrix} \quad , \qquad (7.2)$$

$$\hat{\vec{F}} = K_e \cdot \hat{\vec{w}} \quad ,$$

wobei $\hat{\vec{F}}^T = \begin{bmatrix} \hat{\vec{F}}_1, \hat{\vec{F}}_2 \end{bmatrix}$ und $\hat{\vec{w}}^T = \begin{bmatrix} \hat{\vec{d}}_1, \hat{\vec{d}}_2 \end{bmatrix}$. Mit den Basiseinheitsvektoren

$$\vec{e}_1 = \begin{bmatrix} 1 \\ 0 \\ 0 \end{bmatrix} \quad , \qquad \vec{e}_2 = \begin{bmatrix} 0 \\ 1 \\ 0 \end{bmatrix} \quad , \qquad \vec{e}_3 = \begin{bmatrix} 0 \\ 0 \\ 1 \end{bmatrix}$$

im globalen Koordinatensystem und den Basiseinheitsvektoren $\vec{f}_1$, $\vec{f}_2$, $\vec{f}_3$ im lokalen Koordinatensystem des Stabes haben wir die Transformationsbeziehung (1.22) aus Abschnitt1.1.3:

$$\hat{\vec{d}} = D_3 \cdot \vec{d} \quad , \qquad (1.22)$$

die wir zur Transformationsbeziehung für beide Knoten des Stabes erweitern:

2

$$
\begin{bmatrix} \hat{\vec{d}}_1 \\ \hat{\vec{d}}_2 \end{bmatrix} = \begin{bmatrix} D_3 & 0 \\ 0 & D_3 \end{bmatrix} \cdot \begin{bmatrix} \vec{d}_1 \\ \vec{d}_2 \end{bmatrix} = T_e \cdot \begin{bmatrix} \vec{d}_1 \\ \vec{d}_2 \end{bmatrix} \qquad (7.3)
$$

bzw.

$$
\hat{\vec{w}} = T_e \cdot \vec{w} \qquad .
$$

Für die Knotenkräfte gilt entsprechend

$$
\begin{bmatrix} \hat{\vec{F}}_1 \\ \hat{\vec{F}}_2 \end{bmatrix} = T_e \cdot \begin{bmatrix} \vec{F}_1 \\ \vec{F}_2 \end{bmatrix}
$$

bzw.

$$
\hat{\vec{F}} = T_e \cdot \vec{F} \qquad . \qquad (7.4)
$$

Die Elemente von D_3 sind die Skalarprodukte der Basisvektoren des globalen mit denen des lokalen Koordinatensystems, siehe (1.22):

$$
\vec{f}_i^{\,T} \cdot \vec{e}_j \qquad \text{für} \quad i,j = 1,\ldots,3 \qquad .
$$

Nach Bild 1-2b berechnen wir zunächst $\vec{f}_1$ in Richtung von Knoten 1 nach 2 und normieren über die Stablänge L:

$$
L = \sqrt{(x_2-x_1)^2 + (y_2-y_1)^2 + (z_2-z_1)^2} \qquad ,
$$

$$
\vec{f}_1^{\,T} = \frac{1}{L} \cdot \left[x_2-x_1 \; , \; y_2-y_1 \; , \; z_2-z_1 \right] \qquad .
$$

Die $\hat{y}$-Achse, die senkrecht zur $\hat{x}$-Achse steht, legen wir der Einfachheit halber parallel zur xy-Ebene, so daß die z-Komponente von $\vec{f}_2 = 0$ ist. Die Drehung des Vektors $\left[x_2-x_1 \; , \; y_2-y_1 \; , \; 0 \right]$ um 90° und anschließende Normierung ergibt $\vec{f}_2$:

$$
\vec{f}_2^{\,T} = \frac{1}{L'} \left[-(y_2-y_1) \; , \; x_2-x_1 \; , \; 0 \right]
$$

mit

$$
L' = \sqrt{(x_2-x_1)^2 + (y_2-y_1)^2} \qquad .
$$

Den Basiseinheitsvektor $\vec{f}_3$ in $\hat{z}$-Richtung berechnen wir als äußeres Produkt von $\vec{f}_1$ mit $\vec{f}_2$:

$$
\vec{f}_3 = \vec{f}_1 \times \vec{f}_2
$$

$$= \frac{1}{LL'} \begin{bmatrix} x_2-x_1 \\ y_2-y_1 \\ z_2-z_1 \end{bmatrix} \times \begin{bmatrix} -(y_2-y_1) \\ x_2-x_1 \\ 0 \end{bmatrix} = \frac{1}{L \cdot L'} \begin{bmatrix} -(x_2-x_1)(z_2-z_1) \\ -(y_2-y_1)(z_2-z_1) \\ L'^2 \end{bmatrix} \quad .$$

Wir bilden die Skalarprodukte der Basiseinheitsvektoren miteinander und berücksichtigen dabei, daß die lokale $\hat{x}$-Achse, also $\vec{f}_1$, mit den Achsen des globalen Koordinatensystems die Winkel α, β, γ hat:

$$\vec{f}_1^{\,T} \cdot \vec{e}_1 = \frac{x_2-x_1}{L} = \cos\alpha \quad , \qquad \vec{f}_1^{\,T} \cdot \vec{e}_2 = \frac{y_2-y_1}{L} = \cos\beta \quad ,$$

$$\vec{f}_1^{\,T} \cdot \vec{e}_3 = \frac{z_2-z_1}{L} = \cos\gamma \quad ,$$

$$\vec{f}_2^{\,T} \cdot \vec{e}_1 = -\frac{y_2-y_1}{L'} = -\frac{L}{L'} \cdot \cos\beta \quad ,$$

$$\vec{f}_2^{\,T} \cdot \vec{e}_2 = \frac{x_2-x_1}{L'} = \frac{L}{L'} \cdot \cos\alpha \quad ,$$

$$\vec{f}_2^{\,T} \cdot \vec{e}_3 = 0 \quad , \qquad \vec{f}_3^{\,T} \cdot \vec{e}_1 = -\frac{(x_2-x_1)(z_2-z_1)}{L \cdot L'} = -\frac{L}{L'} \cdot \cos\alpha \cdot \cos\gamma \quad ,$$

$$\vec{f}_3^{\,T} \cdot \vec{e}_2 = -\frac{(y_2-y_1)(z_2-z_1)}{L \cdot L'} = -\frac{L}{L'} \cdot \cos\beta \cdot \cos\gamma \quad , \qquad \vec{f}_3^{\,T} \cdot \vec{e}_3 = \frac{L'}{L} \quad .$$

Wir fassen die Ergebnisse in der Matrix D_3 zusammen:

$$D_3 = \begin{bmatrix} \cos\alpha & \cos\beta & \cos\gamma \\[1mm] -\frac{L}{L'}\cos\beta & \frac{L}{L'}\cos\alpha & 0 \\[1mm] -\frac{L}{L'}\cos\alpha\cos\gamma & -\frac{L}{L'}\cos\beta\cos\gamma & \frac{L'}{L} \end{bmatrix} \tag{7.5}$$

Wir benutzen nun die Beziehungen (7.3) und (7.4) und setzen sie in (7.2) ein:

$$\vec{F} = T_e^T \cdot \widetilde{K}_e \cdot T_e \cdot \vec{w} \quad .$$

Die globale ES-Matrix K_e für den räumlichen Stab erhalten wir durch Ausmultiplizieren von $T_e^T \cdot \widetilde{K}_e \cdot T_e$. Wir erkennen dabei, daß nur die erste Zeile von D_3 eine Rolle spielt. Dies ist aber klar, da der Stab im lokalen Koordinatensystem in $\hat{y}$- und $\hat{z}$-Richtung keine Verschiebungen und Kräfte hat. Die Matrix D_3 wurde an dieser Stelle trotzdem vollständig entwickelt, weil wir die Transformationsmatrix T_e in der Form mit D_3 aus (7.5) bei der Entwicklung der ES-Matrix für den räumlichen Balken benötigen. Die ES-Matrix für den Stab lautet:

$$K_e = \frac{A \cdot E}{L} \cdot \begin{bmatrix} \cos^2\alpha & \cos\alpha\cos\beta & \cos\alpha\cos\gamma & -\cos^2\alpha & -\cos\alpha\cos\beta & -\cos\alpha\cos\gamma \\ \cos\alpha\cos\beta & \cos^2\beta & \cos\beta\cos\gamma & -\cos\alpha\cos\beta & -\cos^2\beta & -\cos\beta\cos\gamma \\ \cos\alpha\cos\gamma & \cos\beta\cos\gamma & \cos^2\gamma & -\cos\alpha\cos\gamma & -\cos\beta\cos\gamma & -\cos^2\gamma \\ -\cos^2\alpha & -\cos\alpha\cos\beta & -\cos\alpha\cos\gamma & \cos^2\alpha & \cos\alpha\cos\beta & \cos\alpha\cos\gamma \\ -\cos\alpha\cos\beta & -\cos^2\beta & -\cos\beta\cos\gamma & \cos\alpha\cos\beta & \cos^2\beta & \cos\beta\cos\gamma \\ -\cos\alpha\cos\gamma & -\cos\beta\cos\gamma & -\cos^2\gamma & \cos\alpha\cos\gamma & \cos\beta\cos\gamma & \cos^2\gamma \end{bmatrix} .$$

$$(7.6)$$

7.3 *Die ES-Matrix für den ebenen Balken*

Wir betrachten Balkensysteme in der xy-Ebene. Im lokalen $\hat{x}\hat{y}$-System des Balkens in Bild 5-7 lassen wir Längskräfte $F_{\hat{x}}$, Querkräfte $F_{\hat{y}}$ und Momente $M_{\hat{z}}$ zu. Die Steifigkeitsmatrix im lokalen Koordinatensystem wurde in Abschnitt 5.2 entwickelt und steht in (5.18):

$$\begin{bmatrix} F_{\hat{x}1} \\ F_{\hat{y}1} \\ M_{\hat{z}1} \\ F_{\hat{x}2} \\ F_{\hat{y}2} \\ M_{\hat{z}2} \end{bmatrix} = \frac{E \cdot I_z}{L^3} \cdot \begin{bmatrix} \frac{A \cdot L^2}{I_z} & 0 & 0 & -\frac{A \cdot L^2}{I_z} & 0 & 0 \\ 0 & 12 & 6L & 0 & -12 & 6L \\ 0 & 6L & 4L^2 & 0 & -6L & 2L^2 \\ -\frac{A \cdot L^2}{I_z} & 0 & 0 & \frac{A \cdot L^2}{I_z} & 0 & 0 \\ 0 & -12 & -6L & 0 & 12 & -6L \\ 0 & 6L & 2L^2 & 0 & -6L & 4L^2 \end{bmatrix} \cdot \begin{bmatrix} \hat{u}_1 \\ \hat{v}_1 \\ \hat{\gamma}_1 \\ \hat{u}_2 \\ \hat{v}_2 \\ \hat{\gamma}_2 \end{bmatrix} . \qquad (5.18)$$

Die Transformationsbeziehung vom globalen in das lokale Koordinatensystem entnehmen wir (1.20) in Beispiel 1.15:

$$\begin{bmatrix} F_{\hat{x}1} \\ F_{\hat{y}1} \\ M_{\hat{z}1} \end{bmatrix} = \begin{bmatrix} \cos\alpha & \sin\alpha & 0 \\ -\sin\alpha & \cos\alpha & 0 \\ 0 & 0 & 1 \end{bmatrix} \cdot \begin{bmatrix} F_{x1} \\ F_{y1} \\ M_{z1} \end{bmatrix} , \qquad (7.7)$$

kurz
$$\hat{\vec{F}}_1 = D \cdot \vec{F}_1 .$$

Zusammengefaßt haben wir

$$\begin{bmatrix} \hat{\vec{F}}_1 \\ \hat{\vec{F}}_2 \end{bmatrix} = \begin{bmatrix} D & 0 \\ 0 & D \end{bmatrix} \cdot \begin{bmatrix} \vec{F}_1 \\ \vec{F}_2 \end{bmatrix} = T_e \cdot \begin{bmatrix} \vec{F}_1 \\ \vec{F}_2 \end{bmatrix} . \qquad (7.8)$$

Für die Verschiebungen gilt entsprechend

$$\begin{bmatrix} \vec{\tilde{d}}_1 \\ \vec{\tilde{d}}_2 \end{bmatrix} = T_e \cdot \begin{bmatrix} \vec{d}_1 \\ \vec{d}_2 \end{bmatrix} \quad . \tag{7.9}$$

Wir ersetzen in (5.18) den Vektor der lokalen Knotenkräfte bzw. den Vektor der lokalen Verschiebungen mit (7.8) bzw. (7.9) und bekommen, wenn wir die Matrix in (5.18) mit $\widetilde{K}_e$ bezeichnen, die globale ES-Matrix für das ebene Balkenelement:

$$K_e = T_e^T \cdot \widetilde{K}_e \cdot T_e$$

$$= \frac{E \cdot I_z}{L^3} \cdot \begin{bmatrix} a_{11} & a_{12} & a_{13} & a_{14} & a_{15} & a_{16} \\ & a_{22} & a_{23} & a_{24} & a_{25} & a_{26} \\ & & a_{33} & a_{34} & a_{35} & a_{36} \\ & & & a_{44} & a_{45} & a_{46} \\ \text{symmetrisch} & & & & a_{55} & a_{56} \\ & & & & & a_{66} \end{bmatrix} \tag{7.10}$$

mit

$$a_{11} = \frac{A \cdot L^2}{I_z} \cos^2\alpha + 12\sin^2\alpha \quad , \quad a_{12} = (\frac{A \cdot L^2}{I_z} - 12) \cdot \sin\alpha \cdot \cos\alpha \quad ,$$

$$a_{13} = -6L \cdot \sin\alpha \quad , \quad a_{14} = -a_{11} \quad , \quad a_{15} = -a_{12} \quad ,$$

$$a_{16} = a_{13} \quad , \quad a_{22} = \frac{A \cdot L^2}{I_z} \sin^2\alpha + 12\cos^2\alpha \quad , \quad a_{23} = 6L\cos\alpha \quad ,$$

$$a_{24} = -a_{12} \quad , \quad a_{25} = -a_{22} \quad , \quad a_{26} = a_{23} \quad , \quad a_{33} = 4L^2 \quad ,$$

$$a_{34} = -a_{13} \quad , \quad a_{35} = -a_{23} \quad , \quad a_{36} = 2L^2 \quad , \quad a_{44} = a_{11} \quad ,$$

$$a_{45} = a_{12} \quad , \quad a_{46} = -a_{13} \quad , \quad a_{55} = a_{22} \quad , \quad a_{56} = -a_{23} \quad ,$$

$$a_{66} = a_{33} \quad .$$

7.4 Die ES-Matrix für den räumlichen Balken

Die in (5.17) und (5.18) erfaßten lokalen Steifigkeitsbeziehungen in
der $\hat{z}\hat{x}$- und $\hat{x}\hat{y}$-Ebene sind zur kompletten ES-Beziehung im $\hat{x}\hat{y}\hat{z}$-Koordinaten-
system in der Beziehung (5.19) zusammengefaßt. Allerdings können wir die
Beziehung in dieser Form nicht gebrauchen, da die Kräfte und Verschiebungen nicht knotenweise geordnet sind.

Wir ordnen daher Knotenkräfte und Momente im Kraftvektor und Verschiebungen und Verdrehungen im Verschiebungsvektor knotenweise an. Diese
Anordnung ist für programmtechnische Belange notwendig. Wir haben also
die Vektoren

$$\hat{\vec{w}} = \left[\hat{u}_1, \hat{v}_1, \hat{w}_1, \hat{\alpha}_1, \hat{\beta}_1, \hat{\gamma}_1, \hat{u}_2, \hat{v}_2, \hat{w}_2, \hat{\alpha}_2, \hat{\beta}_2, \hat{\gamma}_2 \right] \quad ,$$

$$\hat{\vec{F}} = \left[F_{\hat{x}1}, F_{\hat{y}1}, F_{\hat{z}1}, M_{\hat{t}1}, M_{\hat{y}1}, M_{\hat{z}1}, F_{\hat{x}2}, F_{\hat{y}2}, F_{\hat{z}2}, M_{\hat{t}2}, M_{\hat{y}2}, M_{\hat{z}2} \right] \quad ,$$

die über die ES-Beziehung

$$\hat{\vec{F}} = \tilde{\hat{K}}_e \cdot \hat{\vec{w}}$$

verknüpft werden, wobei die ES-Matrix $\tilde{\hat{K}}_e$ aus $\hat{K}_e$ in (5.19) durch Ver-
tauschen entsprechender Zeilen und Spalten hervorgeht. Die Matrix $\tilde{\hat{K}}_e$ ist
in (7.11) angegeben. Da in den Matrizen aus (5.17) und (5.18) verschiedene
Faktoren als Skalare ausgeklammert sind, ziehen wir aus $\tilde{\hat{K}}_e$ den Skalar
E/L^3 heraus.

Wir transformieren die lokale ES-Matrix in die globale ES-Matrix K_e.
Dabei nehmen wir vereinfachend an, daß die Breite b des Balkenquerschnitts
parallel zur globalen xy-Ebene liegt. Dies bedeutet eine geringe Ein-
schränkung und spielt bei den meisten Anwendungen keine Rolle.

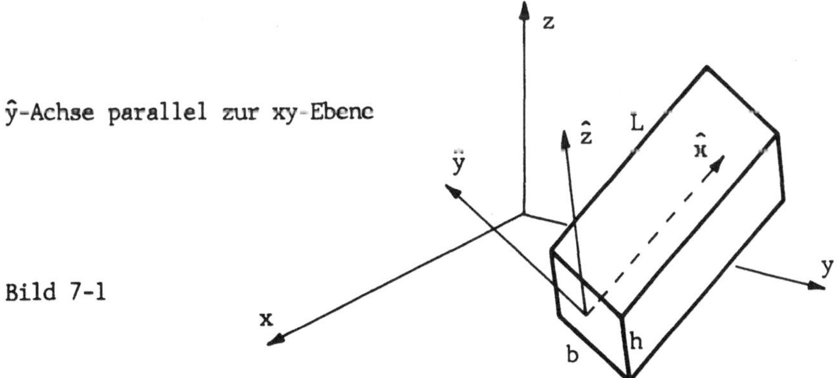

Bild 7-1

$$\tilde{K}_e \;=\; \frac{E}{L^3} \cdot$$

$$\begin{bmatrix}
A{\cdot}L^2 & 0 & 0 & 0 & 0 & 0 & -A{\cdot}L^2 & 0 & 0 & 0 & 0 & 0 \\
 & 12I_z & 0 & 0 & 0 & 6I_z{\cdot}L & 0 & -12I_z & 0 & 0 & 0 & 6I_z{\cdot}L \\
 & & 12I_y & 0 & -6I_y{\cdot}L & 0 & 0 & 0 & -12I_y & 0 & -6I_y{\cdot}L & 0 \\
 & & & \dfrac{G{\cdot}I_t{\cdot}L^2}{E} & 0 & 0 & 0 & 0 & 0 & -\dfrac{G{\cdot}I_t{\cdot}L^2}{E} & 0 & 0 \\
 & & & & 4I_y{\cdot}L^2 & 0 & 0 & 0 & 6I_y{\cdot}L & 0 & 2I_y{\cdot}L^2 & 0 \\
 & & & & & 4I_z{\cdot}L^2 & 0 & -6I_z{\cdot}L & 0 & 0 & 0 & 2I_z{\cdot}L^2 \\
 & & & & & & A{\cdot}L^2 & 0 & 0 & 0 & 0 & 0 \\
 & & \text{symmetrisch} & & & & & 12I_z & 0 & 0 & 0 & -6I_z{\cdot}L \\
 & & & & & & & & 12I_y & 0 & 6I_y{\cdot}L & 0 \\
 & & & & & & & & & \dfrac{G{\cdot}I_t{\cdot}L^2}{E} & 0 & 0 \\
 & & & & & & & & & & 4I_y{\cdot}L^2 & 0 \\
 & & & & & & & & & & & 4I_z{\cdot}L^2
\end{bmatrix}$$

$$(7.11)$$

Unter dieser Annahme können wir für die Transformation die Matrix D_3 aus
(7.5) hinzuziehen, für die wir angenommen haben, daß der Basiseinheitsvektor $\vec{f}_2$ der $\hat{y}$-Achse parallel zur xy-Ebene verläuft. Da an jedem Knoten
je 3 Kräfte und 3 Momente angreifen, lautet die Transformationsmatrix

$$T_e = \begin{bmatrix} D_3 & 0 & 0 & 0 \\ 0 & D_3 & 0 & 0 \\ 0 & 0 & D_3 & 0 \\ 0 & 0 & 0 & D_3 \end{bmatrix} \tag{7.12}$$

mit den Beziehungen

$$\hat{\vec{F}} = T_e \cdot \vec{F} \quad ,$$

$$\hat{\vec{w}} = T_e \cdot \vec{w} \quad .$$

Für den Sonderfall, daß der Balken senkrecht auf der xy-Ebene steht, ist
der Basiseinheitsvektor in $\hat{x}$-Richtung der Balkenachse

$$\vec{f}_1^T = \begin{bmatrix} 0 & 0 & 1 \end{bmatrix} \quad .$$

Den Basiseinheitsvektor der $\hat{y}$-Achse wählen wir zu

$$\vec{f}_2^T = \begin{bmatrix} 0 & 1 & 0 \end{bmatrix} \quad ,$$

so daß

$$\vec{f}_3 = \vec{f}_1 \times \vec{f}_2 = \begin{bmatrix} -1 \\ 0 \\ 0 \end{bmatrix} \quad \text{wird} .$$

Für D_3 erhalten wir für diese Situation

$$D_3 = \begin{bmatrix} 0 & 0 & 1 \\ 0 & 1 & 0 \\ -1 & 0 & 0 \end{bmatrix} \tag{7.13}$$

Die globale ES-Matrix für den räumlichen Balken ist das Produkt

$$K_e = T_e^T \cdot \tilde{K}_e \cdot T_e$$

der Matrizen (7.12) und (7.11). Es handelt sich jeweils um (12,12)-Matrizen.
Wir zerlegen $\tilde{K}_e$ in (3,3)-Untermatrizen U_{ij} , $i,j = 1,\ldots,4$:

$$\widetilde{K}_e = \begin{bmatrix} U_{11} & U_{12} & U_{13} & U_{14} \\ U_{21} & U_{22} & U_{23} & U_{24} \\ U_{31} & U_{32} & U_{33} & U_{34} \\ U_{41} & U_{42} & U_{43} & U_{44} \end{bmatrix} \quad .$$

Aus (7.11) erkennen wir, daß einige Untermatrizen gleich sind. Nutzen wir noch die Symmetrie von K_e aus, haben wir

$$\widetilde{K}_e = \begin{bmatrix} U_{11} & U_{12} & -U_{11} & U_{12} \\ & U_{22} & -U_{12}^T & U_{24} \\ & & U_{11} & -U_{12} \\ \text{symm.} & & & U_{22} \end{bmatrix} \tag{7.14}$$

K_e setzt sich also alleine aus den Untermatrizen $U_{11}, U_{12}, U_{22}, U_{24}$ zusammen. Die globale ES-Matrix K_e ergibt sich daher zu

$$K_e = T_e^T \cdot \widetilde{K}_e \cdot T_e$$

$$= \begin{bmatrix} D_3^T & 0 & 0 & 0 \\ 0 & D_3^T & 0 & 0 \\ 0 & 0 & D_3^T & 0 \\ 0 & 0 & 0 & D_3^T \end{bmatrix} \cdot \begin{bmatrix} U_{11} & U_{12} & -U_{11} & U_{12} \\ & U_{22} & -U_{12}^T & U_{24} \\ & & U_{11} & -U_{12} \\ \text{symm.} & & & U_{22} \end{bmatrix} \cdot \begin{bmatrix} D_3 & 0 & 0 & 0 \\ 0 & D_3 & 0 & 0 \\ 0 & 0 & D_3 & 0 \\ 0 & 0 & 0 & D_3 \end{bmatrix}$$

$$= \begin{bmatrix} D_3^T \cdot U_{11} \cdot D_3 & D_3^T \cdot U_{12} \cdot D_3 & -D_3^T \cdot U_{11} \cdot D_3 & D_3^T \cdot U_{12} \cdot D_3 \\ & D_3^T \cdot U_{22} \cdot D_3 & -D_3^T \cdot U_{12}^T \cdot D_3 & D_3^T \cdot U_{24} \cdot D_3 \\ & & D_3^T \cdot U_{11} \cdot D_3 & -D_3^T \cdot U_{12} \cdot D_3 \\ \text{symmetrisch} & & & D_3^T \cdot U_{22} \cdot D_3 \end{bmatrix} \quad . \tag{7.15}$$

Des weiteren sind die Untermatrizen U_{11}, U_{22} und U_{24} vom Typ

$$\begin{bmatrix} t_{11} & 0 & 0 \\ 0 & t_{22} & 0 \\ 0 & 0 & t_{33} \end{bmatrix}$$

und die Untermatrix U_{12} vom Typ

$$\begin{bmatrix} 0 & 0 & 0 \\ 0 & 0 & t_{23} \\ 0 & t_{32} & 0 \end{bmatrix} \quad ,$$

so daß sich die Matrixprodukte in (7.15) verkürzt ausrechnen lassen. Wir beachten dabei noch, daß in (7.11) der Faktor E/L^3 vor der Matrix steht. Wir bezeichnen die Elemente von K_e mit a_{ij} , $i,j=1,\ldots,12$, die Elemente von D_3 mit c_{ij} , $i,j=1,2,3$.

Von $D_3^T \cdot U_{11} \cdot D_3$ brauchen wir nur die auf und über der Diagonalen liegenden Elemente:

$$a_{11} = c_{11}^2 \cdot \frac{A \cdot E}{L} + c_{21}^2 \cdot \frac{12E \cdot I_z}{L^3} + c_{31}^2 \cdot \frac{12E \cdot I_y}{L^3}$$

$$a_{12} = c_{11}c_{12}\frac{A \cdot E}{L} + c_{21}c_{22}\frac{12E \cdot I_z}{L^3} + c_{31}c_{32}\frac{12E \cdot I_y}{L^3}$$

$$a_{13} = c_{11}c_{13}\frac{A \cdot E}{L} + c_{21}c_{23}\frac{12E \cdot I_z}{L^3} + c_{31}c_{33}\frac{12E \cdot I_y}{L^3}$$

$$a_{22} = c_{12}^2\frac{A \cdot E}{L} + c_{22}^2\frac{12E \cdot I_z}{L^3} + c_{32}^2\frac{12E \cdot I_y}{L^3}$$

$$a_{23} = c_{12}c_{13}\frac{A \cdot E}{L} + c_{22}c_{23}\frac{12E \cdot I_z}{L^3} + c_{32}c_{33}\frac{12E \cdot I_y}{L^3}$$

$$a_{33} = c_{12}^2\frac{A \cdot E}{L} + c_{23}^2\frac{12E \cdot I_z}{L^3} + c_{33}^2\frac{12E \cdot I_y}{L^3} \quad .$$

Das Produkt $D_3^T \cdot U_{12} \cdot D_3$ ergibt

$$a_{14} = c_{21}c_{31}\left(\frac{6E \cdot I_z}{L^2} - \frac{6E \cdot I_y}{L^2}\right)$$

$$a_{15} = -c_{22}c_{31}\frac{6E \cdot I_y}{L^2} + c_{21}c_{32}\frac{6E \cdot I_z}{L^2}$$

$$a_{16} = -c_{23}c_{31}\frac{6E \cdot I_y}{L^2} + c_{21}c_{33}\frac{6E \cdot I_z}{L^2}$$

$$a_{24} = -c_{21}c_{32}\frac{6E \cdot I_y}{L^2} + c_{22}c_{31}\frac{6E \cdot I_z}{L^2}$$

$$a_{25} = c_{22}c_{33}\left(\frac{6E \cdot I}{L^2}z - \frac{6E \cdot I}{L^2}y\right)$$

$$a_{26} = -c_{23}c_{32}\frac{6E \cdot I}{L^2}y + c_{22}c_{33}\frac{6E \cdot I}{L^2}z$$

$$a_{34} = -c_{21}c_{33}\frac{6E \cdot I}{L^2}y + c_{23}c_{31}\frac{6E \cdot I}{L^2}z$$

$$a_{35} = -c_{22}c_{33}\frac{6E \cdot I}{L^3}y + c_{23}c_{32}\frac{6E \cdot I}{L^2}z$$

$$a_{36} = c_{23}c_{33}\left(\frac{6E \cdot I}{L^2}z - \frac{6E \cdot I}{L^2}y\right)$$

Das Produkt $D_3^T \cdot U_{22} \cdot D_3$ ergibt für die Diagonale und die darüberliegenden Elemente

$$a_{44} = c_{11}^2\frac{G \cdot I}{L}t + c_{21}^2\frac{4E \cdot I}{L}y + c_{31}^2\frac{4E \cdot I}{L}z$$

$$a_{45} = c_{11}c_{12}\frac{G \cdot I}{L}t + c_{21}c_{22}\frac{4E \cdot I}{L}y + c_{31}c_{32}\frac{4E \cdot I}{L}z$$

$$a_{46} = c_{11}c_{13}\frac{G \cdot I}{L}t + c_{21}c_{23}\frac{4E \cdot I}{L}y + c_{31}c_{33}\frac{4E \cdot I}{L}z$$

$$a_{55} = c_{12}^2\frac{G \cdot I}{L}t + c_{22}^2\frac{4E \cdot I}{L}y + c_{32}^2\frac{4E \cdot I}{L}z$$

$$a_{56} = c_{12}c_{13}\frac{G \cdot I}{L}t + c_{22}c_{23}\frac{4E \cdot I}{L}y + c_{32}c_{33}\frac{4E \cdot I}{L}z$$

$$a_{66} = c_{13}^2\frac{G \cdot I}{L}t + c_{23}^2\frac{4E \cdot I}{L}y + c_{33}^2\frac{4E \cdot I}{L}z$$

Das Produkt $D_3^T \cdot U_{24} \cdot D_3$ ergibt

$$a_{4\,10} = -c_{11}^2\frac{G \cdot I}{L}t + c_{21}^2\frac{2E \cdot I}{L}y + c_{31}^2\frac{2E \cdot I}{L}z$$

$$a_{4\,11} = -c_{11}c_{12}\frac{G \cdot I}{L}t + c_{21}c_{22}\frac{2E \cdot I}{L}y + c_{31}c_{32}\frac{2E \cdot I}{L}z$$

$$a_{4\,12} = -c_{11}c_{13}\frac{G \cdot I}{L}t + c_{21}c_{23}\frac{2E \cdot I}{L}y + c_{31}c_{33}\frac{2E \cdot I}{L}z$$

$$a_{5\,10} = -\,c_{11}c_{12}\frac{G\cdot I}{L}t \;+\; c_{21}c_{22}\frac{2E\cdot I}{L}y \;+\; c_{31}c_{32}\frac{2E\cdot I}{L}z$$

$$a_{5\,11} = -\,c_{12}^2\frac{G\cdot I}{L}t \;+\; c_{22}^2\frac{2E\cdot I}{L}y \;+\; c_{32}^2\frac{2E\cdot I}{L}z$$

$$a_{5\,12} = -\,c_{12}c_{13}\frac{G\cdot I}{L}t \;+\; c_{22}c_{23}\frac{2E\cdot I}{L}y \;+\; c_{32}c_{33}\frac{2E\cdot I}{L}z$$

$$a_{6\,10} = -\,c_{11}c_{13}\frac{G\cdot I}{L}t \;+\; c_{21}c_{23}\frac{2E\cdot I}{L}y \;+\; c_{31}c_{33}\frac{2E\cdot I}{L}z$$

$$a_{6\,11} = -\,c_{12}c_{13}\frac{G\cdot I}{L}t \;+\; c_{22}c_{23}\frac{2E\cdot I}{L}y \;+\; c_{32}c_{33}\frac{2E\cdot I}{L}z$$

$$a_{6\,12} = -\,c_{13}^2\frac{G\cdot I}{L}t \;+\; c_{23}^2\frac{2E\cdot I}{L}y \;+\; c_{33}^2\frac{2E\cdot I}{L}z \quad . \qquad (7.16)$$

Die restlichen Elemente von K_e ergeben sich nach (7.15) aus den eben
berechneten Elementen. Man muß nur darauf achten, daß bei allgemeiner
Lage des Balkens die Matrix D_3 in der Form (7.5) genommen wird, steht der
Balken hingegen senkrecht auf der xy-Ebene, rechnet man mit (7.13).

7.5 Die ES-Matrix für das ebene Scheibendreieck

Das ebene Scheibendreieck wird ausführlich im Abschnitt 6.2.2 behandelt. Die dort entwickelte ES-Beziehung lautet

$$
\begin{bmatrix} F_{x1} \\ F_{y1} \\ F_{x2} \\ F_{y2} \\ F_{x3} \\ F_{y3} \end{bmatrix}
= \frac{E\cdot h}{4|\lambda|(1-\nu^2)} \cdot
\begin{bmatrix} a_{11} & \cdots & a_{16} \\ & & \vdots \\ & \ddots & \\ \text{symm.} & & \\ & & a_{66} \end{bmatrix}
\cdot
\begin{bmatrix} u_1 \\ v_1 \\ u_2 \\ v_2 \\ u_3 \\ v_3 \end{bmatrix}
\qquad (7.17)
$$

Die Elemente a_{ij} , $i,j = 1,\ldots,6$ sind in der ES-Matrix in (6.99) angegeben.
Man achte darauf, daß der Flächeninhalt λ des Dreiecks betragsmäßig erfaßt wird.

8   DIE ORGANISATION DER EINGABE

Die Eingabe für einen Rechengang des Programms ist unterteilt in die
Eingabestruktur des Bauteils und die Befehlsstruktur zur Programmsteuerung,
wo z.B. die benutzten Elementtypen angegeben werden und die Ausgabe der
Ergebnisse gesteuert wird. Die Datenstruktur und die Befehlsstruktur
werden aus verschiedenen Dateien aus externen Datenträgern eingelesen. Die
Befehlsstruktur besteht aus 2 Sätzen, die in einer sequentiell organi-
sierten Datei stehen müssen. Die Strukturdaten sind in einer ebenfalls
sequentiell organsisierten Datei auf Magnetband oder Magnetplatte in
Sätzen von maximal 80 Zeichen zu sammeln.

8.1   Die Organisation der Strukturdaten

Die Organisation der Eingabestruktur des Bauteils kann auf vielfältige
Weise aufgebaut werden. Das Unterprogramm zur Eingabe kann sehr einfach
gestaltet werden, wenn man vom Benutzer verlangt, die Anzahl der Knoten
und Elemente mit einzugeben oder auf eine Überprüfung der Eingabe weit-
gehend verzichtet. Die hier benutzte Eingabestruktur wurde dem FEM-Programm STATAN des Instituts für Getriebelehre der TH Darmstadt entlehnt. Die
Eingabe wird in 5 Datenblöcke unterteilt:

1) Beschreibung der Geometrie des Bauteils mittels der Knotennummern. Die
   Knotennummern mit ihren Koordinaten werden im Datenblock mit dem Namen
   KOOR abgelegt.

2) Zuordnung der Knoten zu den Elementen. Je nach Elementtyp werden jedem
   Element 2 oder mehr Knotennummern zugeordnet. Diese Zuordnung geschieht
   im Datenblock ELEM.

3) Elementspezifische Daten wie Elastizitätskonstante, Querkontraktion,
   Dicke des Elements, Querschnittsfläche usw. werden im Datenblock
   REFE abgespeichert.

4) Die Belastungen, also Einzelkräfte und Einzelmomente an Knoten, werden
   mit den Knotennummern im Datenblock BELA angegeben.

5) Die Randbedingungen, d.h. Knoten mit Sollverschiebungen sind im Datenblock RAND einzutragen.

Die gesamte Struktureingabe wird mit der Anweisung ENDE abgeschlossen.

Die einzelnen Datenblöcke haben prinzipiell den gleichen Aufbau. Ein
Datenblock beginnt mit seinem Namen, z.B. KOOR. In den nächsten Sätzen
folgen die zum Datenblock gehörenden Eingabesätze. Der letzte Eingabesatz
zu einem Datenblock enthält in der 1. Stelle einen * , um das Ende des
Datenblocks zu kennzeichnen. Die Reihenfolge der Datenblöcke in der Eingabedatei ist beliebig. Die komplette Eingabe für eine zu berechnende
Struktur hat daher folgendes Aussehen:

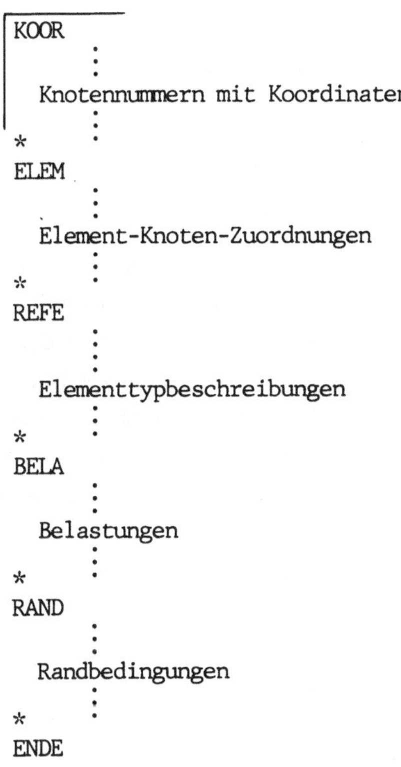

Wir geben jetzt die Eingabeformate für die Sätze innerhalb der einzelnen
Datenblöcke an. Die Datenblocknamen selbst stehen in eigenen Sätzen in
den Stellen 1 bis 4.

Eingabeformat im Datenblock KOOR

Blank	Knoten- nummer	Leer- feld	x-Koordinate	y-Koordinate	z-Koordinate
A1	I4	5X	F10.0	F10.0	F10.0

Die zugehörige READ-Anweisung steht in Zeile 10710 des UP's EINGAB.

Die Knotennummern einer Struktur sind, mit 1 beginnend, fortlaufend zu
wählen. Die Knoten können aber in beliebiger Reihenfolge eingelesen werden.

● Beispiel 8.1:

```
KOOR
      2      3000.    1000.
      1         0.    1000.
      3      4000.    3000.
      4      5000.       0.
 *    5      5000.    3000.
```
●

Eingabeformat im Datenblock ELEM

Blank	Element- nummer	Referenz- nummer	Knoten- anzahl	Knoten 1	Knoten 2	...	Knoten i
A1	I4	I5	I5	I5	I5		I5

Die zugehörige READ-Anweisung steht in Zeile 11075 des UP's EINGAB.
Die Elemente der Struktur sind, mit 1 beginnend, fortlaufend zu numerieren.
Wird die Referenznummer nicht angegeben, so wird diejenige der vorigen
Zeile im Datenblock verwendet. Ist im gesamten Datenblock keine Referenz-
nummer angegeben, so wird im Programm die Referenznummer 1 vereinbart. Die
Referenznummer bezieht sich auf Angaben im Datenblock REFE.

Die Reihenfolge der Elementnummern bei der Eingabe ist beliebig.

● Beispiel 8.2:

```
ELEM
      2    1    2    1    2
      3    2         2    3
      1              1    3
      4    3         2    4
      5              4    3
      6              4    5
 *    7              5    3
```

*Das Element 1 erhält die Referenznummer 2, hingegen die Elemente 5
bis 7 die Referenznummer 3. Die Elemente 1 und 3 bis 7 enthalten keine
Knotenanzahl. Sie bekommen die Anzahl 2 der vorigen Zeile.* ●

Das Beispiel zeigt, daß man auch sich wiederholende Knotenanzahlen weg-
lassen kann. Eine eingetragene Knotenanzahl wird solange übernommen, wie
in den folgenden Zeilen an dieser Stelle keine Angaben gemacht werden. Das
bedeutet natürlich, daß aber mindestens in der ersten Zeile des Datenblocks
die Knotenanzahl vorhanden sein muß. Wechselt innerhalb des Datenblocks

der Elementtyp, muß wiederum mindestens einmal die neue Knotenanzahl eingetragen werden.

<u>Eingabeformat im Datenblock REFE</u>

Blank	Referenz- nummer	Leerfeld	1.Referenz	2.Referenz	3.Referenz	...	i.Ref.
A1	I4	5X	F10.0	F10.0	F10.0	...	F10.0

Die zugehörige READ-Anweisung steht in Zeile 11505 des UP's EINGAB.

Die in einer Zeile des Datenblocks REFE enthaltenen Informationen werden denjenigen Elementen aus dem Datenblock ELEM zugeordnet, die die gleiche Referenznummer enthalten. Der Datenblock darf maximal 10 verschiedene Zeilen, d.h. also auch max. 10 verschiedene Referenznummern beschreiben. Die Referenznummern dürfen dabei natürliche Zahlen von 1 bis 10 annehmen.

In einer Zeile werden die für den zugehörigen Elementtyp allgemeingültigen Größen wie Elastizitätskonstante usw. festgelegt. Im folgenden werden die Referenzangaben für die verwendeten Elementtypen aufgezählt. Die 1. Referenz gibt immer die Nummer des Elementtyps an:

	Scheibendreieck	Stab	Balken	
Typnummer	1.	4.	9.	.

Elementtyp Stab:
- 1. Referenz = 4.
- 2. Referenz = Elastizitätsmodul
- 3. Referenz = Querschnittsfläche

Elementtyp Balken:
(eben)
- 1. Referenz = 9.
- 2. Referenz = Elastizitätsmodul
- 3. Referenz = Querschnittsfläche
- 4. Referenz = Flächenträgheitsmoment bezüglich der lokalen $\hat{z}$-Achse

Elementtyp Balken:
(räumlich)
- 1. Referenz = 9.
- 2. Referenz = Elastizitätsmodul
- 3. Referenz = Querschnittsfläche
- 4. Referenz = Querkontraktion
- 5. Referenz = Flächenträgheitsmoment bezüglich der lokalen $\hat{z}$-Achse
- 6. Referenz = Flächenträgheitsmoment bezüglich der lokalen $\hat{y}$-Achse
- 7. Referenz = Torsionsträgheitsmoment

Elementtyp Scheiben-
        dreieck: 1. Referenz =   1.

                     2. Referenz =   Dicke der Elementscheibe

                     3. Referenz =   Elastizitätsmodul

                     4. Referenz =   Querkontraktion

Mit dem Elementtyp Stab können auch lineare Federelemente verarbeitet
werden. Zu diesem Zweck muß bei den Referenzangaben die Querschnittsfläche
mit 1. angegeben werden. Des weiteren muß anstelle des Elastizitätsmoduls
in der 2. Referenz ein Zahlenwert c^* so eingetragen werden, daß die Feder-
konstante c sich zu c = c*/L ergibt, wobei L die Stablänge bedeutet. Die
Stablänge erhält man aus den Knotenkoordinaten.

● Beispiel 8.3:

```
REFE
    1       4.     210000.    200.
    2       9.     180000.    150.      1250.
*   3       1.       10.      210000.     0.3
```

*Die letzte Zeile mit der Referenznummer 3 beschreibt ein Scheibendreieck
mit der Dicke = 10 mm , dem Elastizitätsmodul 210000 N/mm^2 und der
Querkontraktion 0,3. Hierbei wurde angenommen, daß mit den Einheiten N
und mm gearbeitet wird.* ●

<u>Eingabeformat im Datenblock BELA</u>

Blank	Knoten- nummer	Lastfall	Last in x-Richtung	Last in y-Richtung	Last in z-Richtung
A1	I4	I5	F10.0	F10.0	F10.0

Die zugehörige READ-Anweisung steht in Zeile 12095 des UP' EINGAB.

Im Datenblock BELA werden die Belastungen der Struktur erfaßt. Hierbei
können für ein Bauteil mehrere Lastfälle angegeben werden, die in einem
Rechenlauf behandelt werden. Die Lastfallnummern müssen, mit 1 beginnend,
fortlaufend numeriert werden. Alle Lastfälle zusammen dürfen 70 Knoten
mit Lastangaben nicht überschreiten. Ist in einer Zeile keine Lastfallnummer angegeben, wird diejenige der vorigen Zeile übernommen. Wurde hingegen überhaupt keine Lastfallnummer im Datenblock BELA eingetragen,
werden alle angegebenen Knoten der Lastfallnummer 1 zugeordnet.

Für die verschiedenen Elementtypen können folgende Lasten eingegeben
werden:

Scheibendreieck und
ebener Stab: Kräfte mit x- und y-Komponente

Räumlicher Stab: Kräfte mit x-, y- und z-Komponente

Ebener Balken: Kräfte mit x- und y-Komponente,
                           Momente um die z-Achse

Räumlicher Balken: Kräfte mit x-, y- und z-Komponente,
                           Momente um die x-, y- und z-Achse   .

● Beispiel 8.4:

```
BELA
     1   1   0.0      2500.
     5   1   0.0     -3000.
     1   2 1700.        0.0
*    5   2  800.        0.0
```

Die Struktur wird in einem Durchlauf mit den beiden Lastfällen 1 und 2
durchgerechnet. Im Lastfall 1 liegen in den Knoten 1 und 5 Lasten in y-
Richtung, im Lastfall 2 liegen in den Knoten 1 und 5 Lasten in x-Richtung
vor.   ●

<u>Eingabeformat im Datenblock RAND</u>

Blank	Knoten- nummer	Leerfeld	Name 1	Leer	Verschiebung	Name 2	Leer	Verschieb.
A1	I4	5X	A2	8X	F10.0	A2	8X	F10.0

... Name i	Leer	Verschiebung
A2	8X	F10.0

Die zugehörige READ-Anweisung steht in den Zeilen 11770 und 11790 des
UP's EINGAB.

   Im Datenblock RAND können maximal 50 Knoten mit Randbedingungen eingetragen werden. Je nach der Anzahl der Freiheitsgrade pro Knoten können
für einen Knoten maximal 6 Sollverschiebungen für einen Knoten angegeben
werden. So läßt der Knoten eines ebenen Stabes maximal 2 Sollverschiebungen (in x- und y-Richtung) zu, hingegen der räumliche Balken maximal
6 Sollverschiebungen (Verschiebungen in x-, y- und z-Richtung und Verdrehungen um die x-, y- und z-Achse) zu. Sind mehr als 3 Freiheitsgrade
pro Knoten vorhanden, muß in jedem Fall zu einem Knoten eine Folgezeile
erstellt werden, die gegebenenfalls nur aus Blank's besteht. In der Folgezeile können weitere 3 Randbedingungen eingetragen werden. Während also
die 1. Zeile zu einem Knoten die Knotennummer und 3 Randbedingungen auf-

nehmen kann, kann man in der eventuellen Folgezeile bis zu 3 weitere
Randbedingungen ablegen.
Format der Folgezeile:

Blank Leerfeld Name 4 Leer Verschiebung ... Name 6 Leer Verschiebung

A1   9X   A2   8X   F10.0   ... A2   8X   F10.0

Zu jeder Sollverschiebung gehört der Name des zugehörigen Freiheitsgrades,
z.B. X , Y und Z für Verschiebungen und z.B. WX , WY und WZ für Verdrehungen. Namen sind maximal 2-stellig und sind linksbündig in ihrem
Feld einzutragen. Die Namen für die Freiheitsgrade werden in der Befehlsstruktur festgelegt.

Soll ein Freiheitsgrad an einem Knoten nicht festgelegt werden, der
ansonsten Randbedingungen aufweist, so wird dieser Freiheitsgrad nicht mit
aufgeführt. Die Reihenfolge der Randbedingungen zu einem Knoten ist beliebig.

● Beispiel 8.5:

```
RAND
    2      X        0.0     Y       0.0     Z       0.0
   40      Z        0.3
   12      X        0.0     Y       0.0     Z       0.0
 *         WX       0.0     WY      0.0     WZ      1.0
```

*Der Knoten 2 wird für die Freiheitsgrade X , Y und Z festgelegt und
bleibt ansonsten frei. Der Knoten 40 wird nur in z-Richtung festgehalten.
Für den Knoten 12 benötigen wir 2 Zeilen, da alle 6 Freiheitsgrade bestimmt werden. Zum Knoten 2 muß noch folgendes gesagt werden: Hat der
Knoten 2 insgesamt mehr als 3 Freiheitsgrade, muß noch eine Leerzeile an-
gehängt werden, auch wenn nur bis zu 3 Freiheitsgraden festgelegt werden.*

<u>Besonderheiten der Eingabe</u>

1) Außerhalb der Datenblöcke, also hinter einem '*' - Satz und vor einem
   Datenblocknamen,können beliebige Informationen eingeschoben werden,
   z.B. Kommentare.
2) Man kann aber auch eigene neue Datenblöcke kreieren, wobei man einen
   neuen nicht mit den bisherigen Namen übereinstimmenden wählt.Will man
   z.B. die Struktur plotten lassen, kann man die Plot-Steuerinformationen
   in einem Datenblock mit einem eigenen Namen, z.B. PLOT ablegen. Das
   Plotprogramm muß nur entsprechend auf diesen Datenblock zugreifen.

3) Beim Erstellen der Strukturdaten in den 5 Datenblöcken ist streng darauf zu achten, daß jeweils die gleichen Einheiten gewählt werden. Sind z.B. Längen in mm und Kräfte in N angegeben, so muß die Elastizitätskonstante in N/mm^2 oder ein Moment in Nmm erfaßt werden.

Abschließend soll eine komplette Struktur für die Eingabe aufbereitet werden. Wir wählen hierfür das Beispiel 6.7 aus Abschnitt 6.2.2.

● Beispiel 8.6:

```
KOOR
      1            0.0          0.0
      2            0.0        200.0
      3         1000.0          0.0
      4         1000.0        200.0
      5         2000.0          0.0
*     6         2000.0        200.0
ELEM
      1    1    3    1    2    4
      2    1    3    1    3    4
      3    1    3    3    4    6
*     4    1    3    3    5    6
REFE
*     1         1.          5.       210000.      0.3
BELA
      5    1    0.0       -500.0
*     6    1    0.0       -500.0
RAND
      1    X            0.0    Y          0.0
*     2    X            0.0    Y          0.0
ENDE
```

Da zu allen 4 Dreieckselementen die gleichen spezifischen Daten (Dicke usw.) gehören, erhalten sie alle die gleiche Referenznummer 1, unter der wiederum im Datenblock REFE die erforderlichen Werte eingetragen sind. Unter BELA ist ein Lastfall mit der Lastfallnummer 1 angegeben. Die Struktur wird in den Knoten 1 und 2 in x- und y-Richtung festgehalten.

●

8.2   Die Organisation der Programmsteuerung

Der Programmablauf wird über die beiden Befehle *DRUCK und *TYPEN gesteuert, die in einer eigenen sequentiellen Datei mit der Dateinummer 5 in der Reihenfolge

          *DRUCK, ...
          *TYPEN, ...

abgelegt werden müssen. Im Gegensatz zur Struktureingabe, für die eine

ausführliche Überprüfung der Daten im Programm stattfindet, wird die
Richtigkeit der Befehlseingabe hinsichtlich der eingegebenen Parameter
nicht überprüft. Dies ist auch nicht notwendig, da es sich nur um 2 Befehle mit wenigen Parametern handelt. Im übrigen kann man sich für die
verschiedenen Elementtypen solche Befehlsdateien langfristig z.B. auf
Magnetplatte halten.

<u>Der *DRUCK - Befehl</u>

Mit dem *DRUCK-Befehl wird die Ausgabe auf den Drucker gesteuert. Hierzu
stehen 6 Parameter zur Verfügung.Die Reihenfolge und die Namen der Parameter sind fest. Der *DRUCK-Befehl hat folgenden Aufbau:

$$\text{*DRUCK,RELE=}\tfrac{T}{J}\text{,AUST=}\tfrac{J}{N}\text{,AUVE=}\tfrac{J}{N}\text{,AUSP=}\tfrac{J}{N}\text{,AULA=}\tfrac{J}{N}\text{,PLOT=}\tfrac{J}{N}$$

Die READ-Anweisung für den *DRUCK-Befehl steht in Zeile 325 des Hauptprogramms. Die Parameter haben folgende Bedeutungen.

RELE=J   Die Eingabestruktur wird vom Programm überprüft. Sind keine
        Fehler vorhanden, wird die Struktur berechnet.

    T   Es findet nur eine Überprüfung der Eingabe statt.

AUST=J   Die Eingabedaten werden ausgedruckt.

    N   Die Eingabedaten werden nicht ausgedruckt.

AUVE=J   Die Knotenverschiebungen werden gedruckt.

    N   Die Knotenverschiebungen werden nicht gedruckt.

AUSP=J   Kräfte, Spannungen und Momente werden ausgegeben.

    N   Kräfte, Spannungen und Momente werden nicht ausgegeben. Die er-
        forderlichen Unterprogramme zur Spannungsberechnung werden nicht
        aufgerufen.

AULA=J   Die Auflagerreaktionen werden gedruckt.

    N   Die Auflagerreaktionen werden nicht berechnet.

PLOT=J   Die Verschiebungen werden in eine sequentielle Datei mit der
        Dateinummer 99 geschrieben. Damit sind die Verschiebungen zum
        späteren Plotten gerettet.

    N   Die Verschiebungen werden nicht gerettet.

Die WRITE-Anweisung für die Plot-Datei mit der Dateinummer 99 steht im

22

UP VORRUE in Zeile 75440. Die Verschiebungen werden dort mit folgendem
Format abgespeichert:

Knoten-nummer	Leerfeld	Verschiebung x-Richtung	Verschiebung y-Richtung	Verschiebung z-Richtung
I5	3X	E12.4	E12.4	E12.4

● Beispiel 8.7:

a)   *DRUCK,RELE=J,AUST=J,AUVE=J,AUSP=N,AULA=J,PLOT=N*

*Die Strukturdaten werden wieder ausgegeben, die Struktur wird berechnet,
wobei aber nur die Verschiebungen und Auflagerreaktionen gedruckt werden.*

b)   *DRUCK,RELE=T,AUST=N,AUVE=N,AUSP=N,AULA=N,PLOT=N*

Die Strukturdaten werden nur getestet.   ●

Der *TYPEN - Befehl

Mit dem *TYPEN-Befehl werden die in einer Struktur verwendeten Elemente
und das globale Koordinatensystem beschrieben. Der *TYPEN-Befehl hat
folgenden Aufbau:

$$
\text{*TYPEN,KOANZ=}\begin{smallmatrix}2\\3\end{smallmatrix}\text{,FREI=}\begin{smallmatrix}2\\3\\6\end{smallmatrix}\text{,ANZA=}\begin{smallmatrix}1\\2\end{smallmatrix}\text{,ETYP=}\begin{smallmatrix}1.\\4.\\9.\\1.4.\end{smallmatrix}\text{,NAMEN=}\begin{smallmatrix}6\text{ Namen zu}\\ \text{je 2 Zeichen}\end{smallmatrix}
$$

$$
\underset{\text{I1}}{|}\qquad\underset{\text{I1}}{|}\qquad\underset{\text{I1}}{|}\qquad\underset{\text{2F2.0}}{|}\qquad\underset{\text{6A2}}{|}
$$

Die READ-Anweisung für den *TYPEN-Befehl steht in Zeile 375 des Hauptprogramms. Die Parameter haben folgende Bedeutungen.

KOANZ=   Mit dem Programm können zwei- und dreidimensionale Strukturen be-
            rechnet werden.

    2   Zweidimensionale Struktur.

    3   Dreidimensionale Struktur.

FREI=   Hier wird die Anzahl der Freiheitsgrade pro Knoten der zu be-
            rechnenden Struktur angegeben.

    2   Für ebene Stabwerke und ebene Scheibendreiecke.

    3   Für räumliche Stabwerke und ebene Balkensysteme.

    6   Für räumliche Balkensysteme.

ANZA=   Hier wird die Anzahl der in einer Struktur verwendeten Element-
        typen eingetragen. In der Regel ist dies 1 Elementtyp. Bei den
        vorhandenen Elementtypen kann nur der ebene Stab mit dem Scheiben-
        dreieck kombiniert werden. Für diesen Fall ist ANZA auf 2 zu
        setzen.

     1 In der Struktur wird ein Elementtyp verwendet.

     2 Die Struktur besteht aus Stäben und Dreiecken.

ETYP=   Hier werden soviele Elementtypnummern,wie in ANZA angegeben, ein-
        getragen. Für die vorhandenen Elementtypen sind die Typnummern
        1. , 4. und 9. vergeben. Jede Elementtypnummer wird unter dem
        Format F2.0 erfaßt.

    1. Elementtypnummer für das Scheibendreieck.

    4. Elementtypnummer für den Stab.

    9. Elementtypnummer für den Balken.

NAMEN= Für die Verschiebungen und Drehungen müssen Namen gewählt werden,
        die jeweils aus 2 Zeichen bestehen. Blanks können auch verwendet
        werden. Die Namen müssen in der Reihenfolge für

                x-Verschiebung
                y-Verschiebung
                z-Verschiebung
                Drehung um x-Achse
                Drehung um y-Achse
                Drehung um z-Achse

        aufgeführt werden. Ist z.B. FREI=2, so sind nur die Namen für
        die x- und y-Verschiebung zu wählen, bei FREI=6 müssen alle 6
        Namen angegeben werden. FREI=3 bezieht sich auf ebene Balken.
        Hier muß die Reihenfolge

                x-Verschiebung
                y-Verschiebung
                Drehung um die z-Achse

        beachtet werden.

● Beispiel 8.8:

a)   **TYPEN,KOANZ=2,FREI=2,ANZA=1,ETYP=4.   ,NAMEN=X Y*

In einem zweidimensionalen Koordinatensystem soll ein ebenes Stabwerk be-
rechnet werden. Die Verschiebungen in x- und y-Richtung haben die Namen
X und Y. Beim Eintragen der Sollverschiebungen in den Datenblock RAND der
Eingabestruktur sind diese Namen dort zu verwenden.

In einem dreidimensionalen Koordinatensystem wird ein räumliches Balkensystem berechnet, wobei die Namen für die Verschiebungen zu X , Y und Z, die Namen für die Verdrehungen zu WX , WY und WZ gewählt wurden.

Es soll eine zweidimensionale Struktur aus ebenen Stäben und Scheibendreiecken berechnet werden, die Verschiebungen in x- und y-Richtung bekommen die Namen U und V

● Beispiel 8.9:

Es soll ein abschließendes Beispiel gegeben werden, das sowohl die Befehls- als auch die Struktureingabe enthält. Wir wollen ein ebenes Balkensystem für die Eingabe aufbereiten.

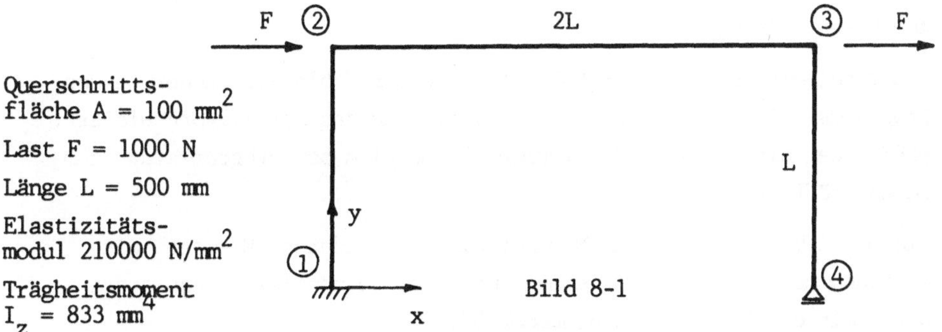

Querschnittsfläche A = 100 mm^2

Last F = 1000 N

Länge L = 500 mm

Elastizitätsmodul 210000 N/mm^2

Trägheitsmoment I_z = 833 mm^4

Bild 8-1

Folgende Struktureingabe muß aufbereitet werden:

```
KOOR
      1         0.       . 0.
      2         0.       500.
      3      1000.       500.
*     4      1000.         0.
ELEM
      1    1    2    1    2
      2    1         2    3
*     3    1         3    4
REFE
*     1         9.    210000.  100.    833.
RAND
      1    X       0.0     Y       0.0   WZ       0.0
*     4    Y       0.0   WZ    0.0
BELA
      2    1 1000.
*     3    1 1000.
ENDE
```

Die Befehlseingabe hat folgendes Aussehen:

8.3 Der Start des Programms

Es wird kurz die Benutzung des FEM-Programms unter einem Betriebssystem erläutert. Unser Programm sei übersetzt und gebunden und lagere unter dem Namen FEMPROG in einer Bibliothek auf einer Magnetplatte der Rechenanlage. Die folgenden externen Dateien werden benutzt:

1) Die Datei mit dem Namen STRUKTUR enthält die Strukturdaten des Bauteils, ist eine langfristig gehaltene Datei und ist sequentiell organisiert. Sie hat die FORTRAN-Dateinummer 50 und wird bei Programmstart zum Lesen eröffnet.

2) Die Datei mit dem Namen BEFEHL enthält die Befehle zur Steuerung des Programms. Sie ist ebenfalls langfristig und sequentiell organisiert. BEFEHL hat die FORTRAN-Dateinummer 5 und wird bei Programmstart zum Lesen eröffnet.

3) Die Datei mit dem Namen ELEM nimmt die Elementdaten (Element- mit Knotennummern) auf. Es ist eine temporäre, sequentiell organisierte Datei mit der FORTRAN-Dateinummer 52.

4) Die Datei mit dem Namen GESAMT nimmt die Gesamtsteifigkeitsmatrix der Struktur auf. Sie ist eine temporäre, direkt organisierte Datei mit der FORTRAN-Dateinummer 70 und wird im Programm im UP GESAMT mit der Anweisung DEFINE FILE definiert.

5) Die Datei mit dem Namen RAND nimmt diejenigen Zeilen der GS-Matrix auf, die zur Berechnung der Auflagerreaktionen benötigt werden. Sie ist eine temporäre, direkt organisierte Datei mit der FORTRAN-Dateinummer 80 und wird im UP RAND mit der Anweisung DEFINE FILE definiert.

Mit der sich anschließenden Folge von JOB-Steuerkarten wird das Programm auf einem Rechner vom Typ TR 440 gestartet. Der Benutzer einer anderen Rechenanlage kann die Steueranweisungen leicht auf seine Verhältnisse umstellen.

```
// EINSCHLEUSE,NAME=STRUKTUR,TRAEGER=LFD,MODUS=LESEN
// EINSCHLEUSE,NAME=BEFEHL,TRAEGER=LFD,MODUS=LESEN
// DATEI,NAME=ELEM,TYP=SEQ,SATZZAHL=U2000,SATZBAU=M30W
// DATEI,NAME=GESAMT,TYP=RAM,SATZZAHL=NN,SATZBAU=NN
// DATEI,NAME=RAND,TYP=RAM,SATZZAHL=NN,SATZBAU=NN
// BANMELDE,TRAEGER=LFD,GV=1.0
// STARTE,PROGRAMM=FEMPROG,DATEI=5-BEFEHL'50-STRUKTUR'52-ELEM'70-GESAMT'
   80-RAND
```

Mit den beiden Steueranweisungen EINSCHLEUSE werden die langfristigen Eingabedateien STRUKTUR und BEFEHL eröffnet. Die nächsten 3 Steueranweisungen DATEI definieren die kurzfristigen Dateien ELEM, GESAMT und RAND. Die Steueranweisung BANMELDE meldet die Bibliothek, die das Programm FEMPROG enthält, dem Betriebssystem an. Mit der STARTE-Anweisung wird das Programm gestartet und den einzelnen Dateien die im Programm benutzten FORTRAN - Dateinummern zugeordnet. Wenn man genauere Angaben über den Satzbau der einzelnen Dateien benötigt, sind diese aus den FORMAT-Anweisungen bzw. der DEFINE FILE-Anweisung an den entsprechenden Stellen im Programm zu entnehmen.

9 BESCHREIBUNG DES PROGRAMMS

9.1 *Die Gliederung des Programms*

Das Programm ist in die folgenden Segmente gegliedert:

Hauptprogramm

Es liest und analysiert die Sätze aus der Befehlsdatei (Dateinummer 5) und ruft die entsprechenden Unterprogramme auf.

Unterprogramm EINGAB

Es liest, analysiert und prüft die Strukturdaten aus der Strukturdatei (Dateinummer 50)
und stellt dabei die Größe und Bandbreite der
zu erstellenden Gesamtsteifigkeitsmatrix fest.

Unterprogramm GESAMT

GESAMT ruft die Unterprogramme zum Erstellen
der ES-Matrizen auf und bildet aus den ES-
Matrizen die rechte Hälfte des Bandes der GS-
Matrix.

Unterprogramm STAB

Es bildet die ES-Matrix für das ebene und
räumliche Stabelement.

Unterprogramm BALK2

Es bildet die ES-Matrix für das ebene Balkenelement.

Unterprogramm BALK3

Es bildet die ES-Matrix für das räumliche
Balkenelement.

Unterprogramm DREI

Es bildet die ES-Matrix für das ebene
Scheibendreieck.

Unterprogramm ESNEU

Es handelt sich um ein DUMMY-Unterprogramm,
das falsch eingegebene Elementtypnummern ab-
fängt. Anstelle von ESNEU kann das Unterprogramm für.einen neuen Elementtyp eingefügt werden.

Unterprogramm RAND

RAND realisiert die eingegebenen Randbedingungen in der GS-Matrix und rettet, falls
der Parameter AULA auf J steht, die entsprechenden Zeilen der GS-Matrix in der Datei

| | mit der   Dateinummer 70. Mit diesen Zeilen werden später die Auflagerreaktionen berechnet. |

Unterprogramm CHOLBA Aus der rechten Bandhälfte der GS-Matrix wird mit dem Cholesky-Verfahren die Rechtsdreiecksmatrix R berechnet.

Unterprogramm DORG DORG aktualisiert das von den Unterprogrammen CHOLBA und VORRUE bearbeitete "Dreieck" aus der rechten Bandhälfte der GS-Matrix.

Unterprogramm BELA Es erstellt aus den eingegebenen Belastungen den Belastungsvektor der Struktur (rechte Seite der GS-Beziehung).

Unterprogramm VORRUE Aus der in CHOLBA erstellten Rechtsdreiecksmatrix R und dem Belastungsvektor werden durch Vorwärts- und Rückwärtseinsetzen die Verschiebungen berechnet.

Unterprogramm AUSVER Bei der Eingabe AUVE=J werden die Verschiebungen ausgedruckt.

Unterprogramm AUSSPA Bei der Parameterbesetzung AUSP=J werden die benötigten Unterprogramme zur Spannungsberechnung aufgerufen.

Unterprogramm SPA1 Es berechnet und druckt die Elementspannungen für das Dreieckselement

Unterprogramm SPA4 Es berechnet und druckt die Stabkräfte und die Normalspannung des Stabelements.

Unterprogramme SPA92, SPA93 Hier werden die Kräfte und Momente wie auch die lokalen Verdrehungen von ebenen und räumlichen Balkenelementen berechnet und gedruckt.

Unterprogramm AUFLAG Bei AULA=J werden die Auflagerreaktionen berechnet und gedruckt.

Der folgende Programmablaufplan des Hauptprogramms zeigt das Zusammenspiel der einzelnen Unterprogramme.

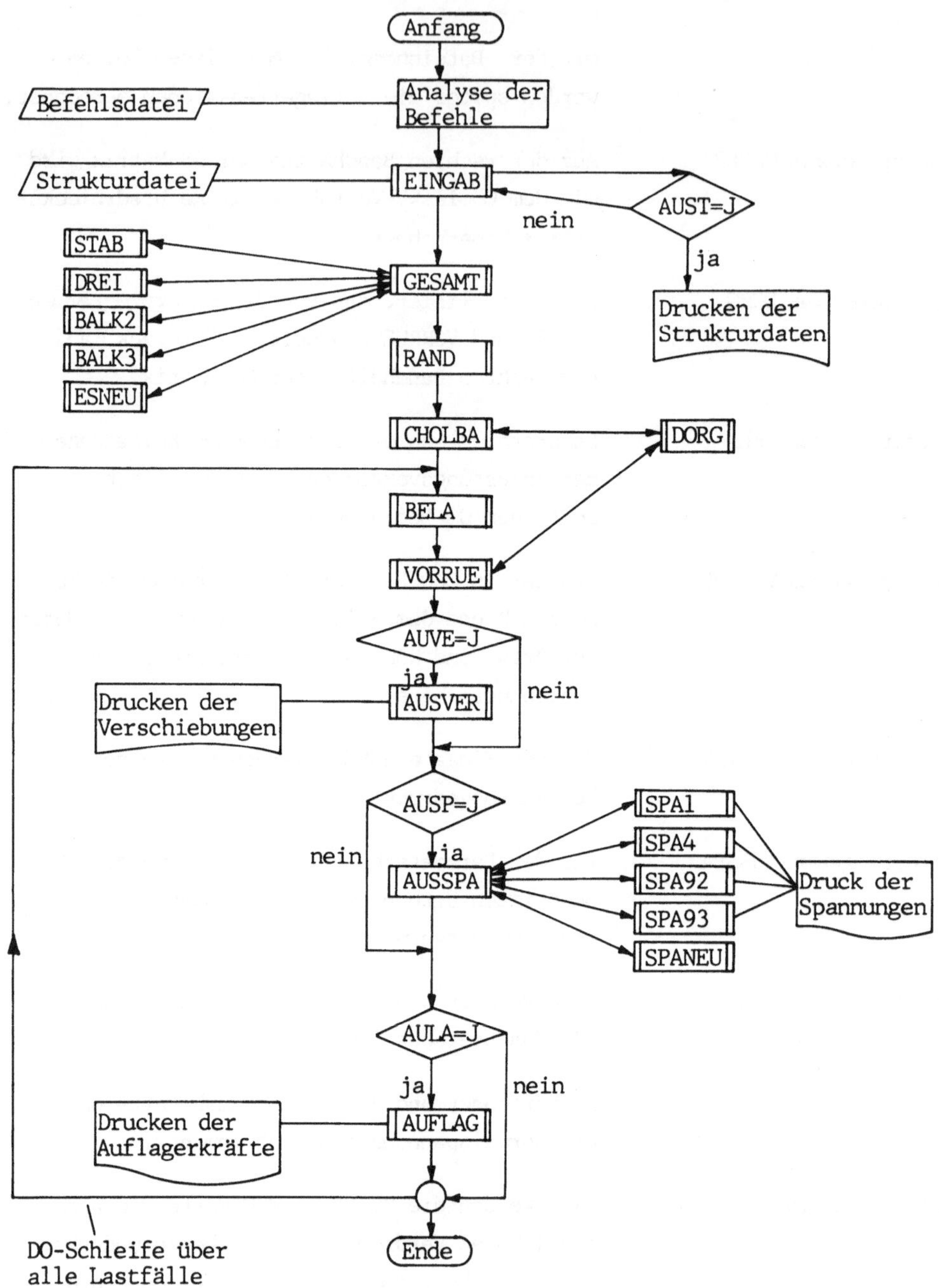

Programmablaufplan des Hauptprogramms   Bild 9-1

Im Hauptprogramm werden zunächst einmal die mit den Unterprogrammen
gemeinsamen Felder in COMMON-Blöcken vereinbart.

COMMON /FELD/ A(84) , D(3570) , V(1000) , XKN(1000)

Das Feld A mit einer Länge von 84 Worten nimmt jeweils die rechte Hälfte
einer Zeile der GS-Matrix auf, die eine symmetrische Bandmatrix ist. Das
bedeutet, daß Strukturen mit einer Bandbreite bis einschließlich 84 ver-
arbeitet werden können. Im Hauptspeicher wird nur das für das Cholesky-
Verfahren benötigte 'Dreieck' der GS-Matrix gehalten. Hierfür ist das
Feld D vorgesehen, das eine Länge von 3570 Worten hat. Mit der Bandbreite
MBA = 84 benötigt das 'Dreieck' eine Größe von $MBA \cdot (MBA + 1)/2 = 3570$
Worten. Dieser Wert wird auch noch in der Variablen LAD gespeichert. Will
man nun größere Strukturen rechnen, z.B. mit einer Bandbreite bis zu
MBA = 100, so sind im Hauptprogramm und in den Unterprogrammen im COMMON-
Block FELD die Felder A und D zu ändern auf

$$A(100)   und   D(5050)   .$$

Des weiteren ist die Variable LAD auf 5050 zu setzen.

In den Feldern V und XKN werden die Verschiebungswerte bzw. die Knotenkoordinaten gespeichert. Sie haben beide die Größe von 1000 Worten. Somit
können Strukturen bis zu insgesamt 1000 Freiheitsgraden bzw. bis zu 1000
Koordinaten berechnet werden. Für größere Strukturen, z.B. bis 1500 Freiheitsgraden bzw. bis zu 2000 Koordinaten müssen in allen COMMON-Blöcken
mit dem Namen FELD die Felder V und XKN auf 1500 bzw. 2000 geändert werden.
Zusätzlich müssen die Variablen LAV auf 1500 , LAX auf 2000 gesetzt werden.

Die Bandbreite und die Länge der eingelesenen GS-Matrix werden mit den
Werten von MBA und LAV verglichen. Sind sie größer, wird der Programmlauf
abgebrochen und eine Mitteilung gemacht.

COMMON /REFE/ REF(10,7)

Das Feld REF nimmt die Zeilen aus dem Datenblock REFE der Struktureingabe
auf. Es können somit maximal 10 Referenzen bis zu jeweils 7 Werten eingegeben werden. Die Obergrenze 10 wird im Unterprogramm EINGAB geprüft
(Zeile 11515). Will man diese Obergrenze z.B. auf 20 anheben, muß der
COMMON-Block REFE überall auf REF(20,7) umgeschrieben und Zeile 11515 auf

11515   IF (J.LE.20) GOTO 3250

geändert werden.

COMMON /RAND/ KNRA(50) , NARA(50,6) , RV(50,6)

Im COMMON-Block RAND werden die Zeilen des Datenblocks RAND der Struktureingabe gespeichert. Es können bis zu 50 Randbedingungen eingegeben werden.
Auch hier kann man die Kapazität vergrößern, wenn man den COMMON-Block
überall ändert auf z.B.

COMMON /RAND/ KNRA(80),NARA(80,6),RV(80,6)

Dann muß auch die Zeile 11800 im Unterprogramm EINGAB lauten:

11800   IF (J.LE.80) GOTO 4225

Nun können bis zu 80 Randbedingungen verarbeitet werden.

COMMON /BELA/ KNBE(70) , NULA(70) , BELAST(70,6)

Im COMMON-Block BELA werden die Angaben aus dem Datenblock BELA der Struktureingabe abgelegt. Es können bis zu 70 Knoten mit Lasten vereinbart
werden. Sollen z.B. 100 Lasten möglich sein, ist der COMMON-Block überall im Programm zu ändern auf

COMMON /BELA/ KNBE(100),NULA(100),BELAST(100,6)

Weiter ist die Zeile 12110 im Unterprogramm EINGAB neu zu schreiben:

12110   IF (J.LE.100) GOTO 5300

Eine weitere Aufgabe des Hauptprogramms ist es, die beiden Befehle
*DRUCK und *TYPEN aus der Befehlsdatei einzulesen und den dort verein-
barten Parameterwerten entsprechend das Programm zu steuern. Diese Ab-
laufsteuerung ist im Programmablaufplan in Bild 9-1 ersichtlich.

Unterprogramm EINGAB

Im UP EINGAB werden die Strukturdaten aus der Strukturdatei '50' eingelesen. Die Daten werden auf formale Richtigkeit überprüft und in Felder
bzw. Dateien geschrieben.

Die Sätze aus KOOR, also die Knoten mit ihren Koordinaten,werden in
XKN gespeichert. Die Knotennummer bestimmt die Adresse der Speicherplätze in XKN für deren Koordinaten. Die Knotennummern brauchen daher
nicht aufsteigend im Datenblock KOOR hinterlegt werden.Bei fehlenden oder
doppelt vorkommenden Knotennummern wird eine Mitteilung gemacht. Es wird
hier auch geprüft, ob die Knotenkoordinaten in das Feld XKN passen (Zeile

10850). Weiter wird in Zeile 10875 die Größe der GS-Matrix (Anzahl Zeilen)
der Struktur ermittelt.

Die Element-Knoten-Zuordnungen aus dem Datenblock ELEM werden format-
frei in die sequentielle Datei '52' geschrieben und von dort später vom
Unterprogramm GESAMT wieder eingelesen zur Konstruktion der GS-Matrix.
Gleichzeitig wird die Bandbreite MK des gelesenen Elements (Zeilen 11255
bis 11285) und damit die Bandbreite ML der gesamten Struktur berechnet
(Zeile 11295).

Die Werte aus dem Datenblock REFE werden im COMMON-Block /REFE/
abgelegt. Die hier angegebenen Elementtypnummern werden mit denjenigen im
*TYPEN-Befehl verglichen.

Die Angaben aus dem Datenblock RAND gelangen in den COMMON-Block
/RAND/ . Die Namen der einzelnen Randbedingungen werden mit denen im
*TYPEN-Befehl verglichen.

Die Informationen aus dem Datenblock BELA werden im COMMON-Block
/BELA/ gespeichert. Dabei wird die größte Lastfallnummer ermittelt und
in der Variablen NLAFA abgelegt (Zeile 12230).

Die gesamte Eingabe der Struktur wird ausgedruckt, wenn der Parameter AUST im *DRUCK-Befehl auf J gesetzt wurde.

Unterprogramm GESAMT

Dieses Unterprogramm bildet aus den einzelnen ES-Matrizen der Struktur
die GS-Matrix und schreibt die Zeilen der GS-Matrix in die direkt organisierte Datei '70'. Über die Datei '52' werden die Knotennummern und die
Elementtypnummer eines Elements an das zugehörige Unterprogramm übergeben,
das die ES-Matrix erzeugt. Die Elemente dieser ES-Matrix werden auf die
entsprechenden Stellen in der GS-Matrix aufaddiert.
Die extern zu speichernde GS-Matrix ist eine (n·f , n·f)-Matrix, wobei n die Anzahl der Knoten der Struktur und f die Anzahl der Freiheitsgrade pro Knoten bedeuten. Der Vorteil der externen Speicherung liegt
darin, daß das Programm im Hauptspeicher klein gehalten und andererseits
recht große Strukturen berechnet werden können. Diese Vorteile werden
allerdings durch erheblich höhere Rechen- und auch Verweilzeiten erkauft,
da ein immenser Datentransfer zwischen dem Hauptspeicher und dem externen
Speichergerät erfolgt.

Da die GS-Matrix eine symmetrische Bandstruktur besitzt, brauchen wir
nur die Elemente der Hauptdiagonalen und der rechts davon liegenden Neben-
diagonalen zu speichern. Im Abschnitt 5.3 im Band 1 ist in (5.34) diese
Anzahl angegeben:

$$m_b = (m + 1) \cdot f \quad ,$$

wobei m die maximale Knotenzahldifferenz der Struktur ist. m_b ist die
Bandbreite des abzuspeichernden rechten Teils der GS-Matrix. Im Programm
ist dieser Wert in der Variablen MBAND gespeichert, die im COMMON-Block
/PAR/ definiert wurde. MBAND wird in Zeile 11355 des UP's EINGAB berechnet. Zwecks einfacherer Schreibweise wollen wir im folgenden für m_b
die Bezeichnung L und für das Produkt n·f die Bezeichnung p einführen.

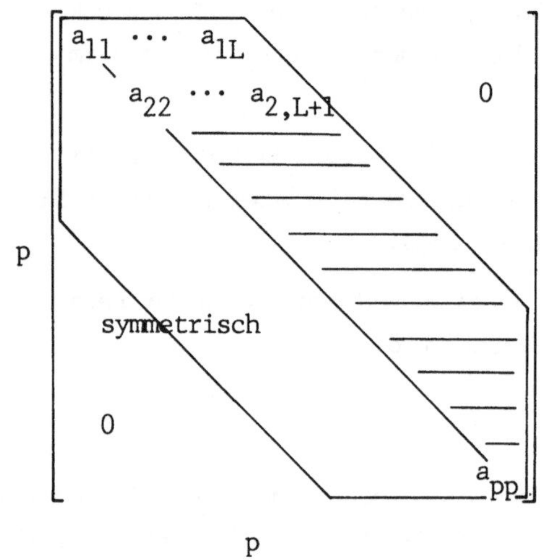

GS-Matrix mit p = n·f
und L = (m+1)·f . Nur der
schraffierte Teil muß er-
zeugt und gespeichert
werden.

Bild 9-2

Die direkt organisierte Datei '70' besteht daher für eine Struktur aus
n Knoten mit je f Freiheitsgraden und der erforderlichen Bandbreite L
aus genau p Sätzen der Länge von maximal L Worten. Wie man sieht, bestehen
die letzten Zeilen des rechten Bandes aus weniger als L Elementen. Zur
einfacheren Programmgestaltung wollen wir alle p Sätze mit der Länge L
führen. In Zeile 20155 wird die Datei '70' mit der Anweisung DEFINE FILE
definiert:

    DEFINE FILE 70 (LGS,MBAND,W,NZEILE)   .

Der erste Parameter LGS enthält die Anzahl Sätze und ist mit p = n·f gefüllt, MBAND gibt die maximale Satzlänge der Datei an, W bedeutet, daß

die Satzelemente eines Satzes aus Worten bestehen. Üblicherweise muß hier hinsichtlich FORTRAN IV H der Parameterwert L stehen. Die Variable NZEILE kennzeichnet die assoziierte Variable.

Da zur Lösung des Gleichungssystems mit der GS-Matrix das Cholesky-Verfahren verwendet wird, braucht dafür nur ein 'Dreieck' der rechten Bandhälfte der GS-Matrix im Hauptspeicher gehalten zu werden (siehe auch Beschreibung der Unterprogramme CHOLBA und DORG).

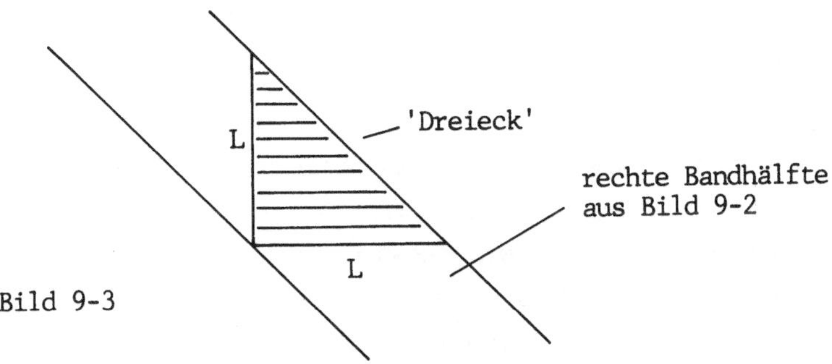

Bild 9-3

Für die Elemente des 'Dreiecks' wird das einstellige Feld D(3570) im COMMON-Block /FELD/ definiert. Da das 'Dreieck' aus $L \cdot (L+1)/2$ Elementen besteht, wird im Hauptprgramm vor dem Aufruf von GESAMT die Ungleichung

$$L \cdot (L+1)/2 \leq LAD = 3570$$

überprüft. Ist diese Bedingung nicht erfüllt, wird der Rechenlauf abgebrochen.

Es können verschiedene Elementtypen in einem Bauteil vorkommen mit der Bedingung, daß die Anzahl und Art der Freiheitsgrade eines Knotens für die benutzten Typen gleich sind. Bei den momentan vorhandenen Elementtypen können nur die Elementtypen Scheibendreieck und ebener Stab miteinander kombiniert können.

Die Konstruktion einer ES-Matrix beginnt mit dem Lesen der zu einem Element gehörenden Daten aus der Elementedatei '52'. Hier stehen die Knotennummern und die Referenznummer. Über die Knotennummern erhalten wir aus dem Feld XKN die Knotenkoordinaten, über die Referenznummer die elementspezifischen Daten wie E-Modul usw. Über die Elementtypnummer wird das zum Typ gehörende Unterprogramm (STAB, DREI, usw.) aufgerufen, Knotenkoordinaten usw. übergeben und dort die ES-Matrix aufgestellt, die dann dem UP GESAMT übergeben wird (COMMON-Block /ES/ mit Feld ELST(12,12)). Die ES-Matrix wird über die Knotennummern auf die GS-Matrix an den richtigen Plätzen addiert. Da die GS-Matrix aber in einer Datei gespeichert

wird, muß die benötigte Matrixzeile als Dateisatz eingelesen, die be-
treffenden Anteile der ES-Matrix an den berechneten Spaltenindizes der
Zeile aufaddiert und die Zeile dann wieder in die Datei '70' zurückge-
schrieben werden. Dies ist ein sehr zeitraubender Vorgang mit wesentlich
größerer Verweilzeit des Programms im Rechner gegenüber einer Lösung, bei
der die GS-Matrix im Hauptspeicher gehalten wird. Wie schon bemerkt wurde,
können so aber wesentlich größere GS-Matrizen bei einem kleinen Haupt-
speicherbedarf behandelt werden.

Die Unterprogramme STAB , BALK2 , BALK3 , DREI

Diese Unterprogramme zur Erstellung der ES-Matrix zu einem Element werden
vom Unterprogramm GESAMT aufgerufen. Die Konstruktion der ES-Matrizen ist
im Abschnitt 7 erläutert. Dazu benötigen wir die Koordinaten der Knoten
und die elementspezifischen Daten wie E-Modul, Dicke usw, die dem Datenblock REFE entnommen werden. Die Knotenkoordinaten werden beim Aufruf
durch den Parameter X übergeben, der durch X(3,3) dimensioniert ist.
Die Materialdaten aus dem REFE-Block sind in der Parameterliste durch
das Feld REF(10,7) aus dem COMMON-Block /REFE/ aufgeführt.

Da die ES-Matrizen symmetrisch sind, werden jeweils nur die Diagonale
und die rechte Hälfte der ES-Matrix erzeugt. Bei aufsteigenden Knotennummern in der Elementzuordnung (ELEM) wird die rechte Hälfte, bei abstei-
genden die linke Hälfte der ES-Matrix zum Aufbau der GS-Matrix gebraucht.
Für M $\leq$ N liegt das Element ELST(M,N) in der rechten Hälfte, für M > N
dagegen in der linken Hälfte und wir nehmen stattdessen wegen der Symmetrie
das Element ELST(N,M) (siehe die Zeilen 20500 bis 29515 im UP GESAMT) .

Das Unterprogramm RAND

Es gibt verschiedene Möglichkeiten, die im Datenblock RAND eingetra-
genen Sollverschiebungen bzw. -drehungen in der GS-Beziehung zu realisieren.
Im Abschnitt 5.3 wird mit (5.39) und (5.40) dargestellt, wie Sollverschiebungen mit dem Wert 0 berücksichtigt werden können. Sie lassen sich noch
einfacher einbauen. Zu diesem Zweck gehen wir wieder von der Situation
(5.39) aus, nehmen also an, daß beispielhaft f = 2 und die Sollverschiebung $\vec{d}_i^T = [u_i , v_i] = [0 , 0]$ vorgelegt seien. Anstatt nun wie
in (5.40) zu verfahren, ändern wir die GS-Matrix wie folgt:

Die Matrix

$$K_{ii} = \begin{bmatrix} k_{11} & k_{12} \\ k_{21} & k_{22} \end{bmatrix}$$

aus (5.39) wird durch
die Matrix

$$K_{ii}^{*} \quad \begin{bmatrix} 10^{30} & k_{12} \\ k_{21} & 10^{30} \end{bmatrix}$$

ersetzt, d.h. das Diagonalelement der Zeile der GS-Matrix für die Sollverschiebung wird durch die sehr große Zahl 10^{30} ersetzt. Alle anderen Matrix-
elemente bleiben erhalten. Die vorgelegte Sollverschiebung wird nun als
Unbekannte im Gleichungssystem geführt. Der eingegebene Wert s für die
Sollverschiebung wird mit 10^{30} multipliziert und in der betroffenen Komponente des Belastungsvektors eingetragen. Dies geschieht allerdings erst
im Unterprogramm BELA. Zur Verdeutlichung nehmen wir an, daß in der k-ten
Zeile des Gleichungssystems die Sollverschiebung s realisiert werden soll.
Vorher habe die k-te Zeile folgendes Aussehen:

$$0 \quad = \quad a_{k1} \cdot x_1 + \cdots + a_{k,k-1} \cdot x_{k-1} + a_{kk} \cdot x_k + a_{k,k+1} \cdot x_{k+1} + \cdots + a_{kn} \cdot x_n .$$

Nach Eintragen der Sollverschiebung s haben wir

$$10^{30} s \quad = \quad a_{k1} x_1 + \cdots + a_{k,k-1} x_{k-1} + 10^{30} \cdot x_k + a_{k,k+1} x_{k+1} + \cdots + a_{kn} x_n .$$

Wie man sieht, ergibt sich für x_k die Lösung s. Speziell für s = 0 ist
auf der linken Seite nichts einzutragen und man erhält x_k = 0.

Da im Unterprogramm RAND nur die GS-Matrix hinsichtlich der Randbedingungen aufbereitet wird, bedeutet dies, daß an den betroffenen Diagonal-
elementen z.B. der Wert 10^{30} eingesetzt wird.

Das Verfahren hat den Nachteil, daß das Diagonalelement a_{kk} verloren-
geht. Wollen wir nämlich die Auflagerreaktionen berechnen, benötigen wir
genau die entsprechenden ursprünglichen Zeilen der GS-Matrix. Es handelt
sich um die Matrizen K_{auf} und K_a in der Darstellung (5.35). Nun könnten
wir die durch 10^{30} ersetzten Diagonalelemente in einem Feld abspeichern.
Da aber zur Berechnung der Auflagerreaktionen die jeweils komplette Zeile
benötigt wird, retten wir besser diese Zeilen in einer direkt organi-
sierten Datei mit der Dateinummer 80. Dies wird in RAND durchgeführt,
allerdings nur, wenn der Benutzer im *DRUCK-Befehl den Parameter AULA = J
gesetzt hat.

● Beispiel 9.1:   *Für die GS-Matrix*

$$
\begin{bmatrix}
a_{11} & a_{12} & a_{13} & a_{14} & a_{15} & 0 & 0 & 0 \\
 & a_{22} & a_{23} & a_{24} & a_{25} & a_{26} & 0 & 0 \\
 & & a_{33} & a_{34} & a_{35} & a_{36} & a_{37} & 0 \\
 & & & a_{44} & a_{45} & a_{46} & a_{47} & a_{48} \\
 & & & & a_{55} & a_{56} & a_{57} & a_{58} \\
 & & symmetrisch & & & a_{66} & a_{67} & a_{68} \\
 & & & & & & a_{77} & a_{78} \\
 & & & & & & & a_{88}
\end{bmatrix}
$$

mit der Größe $p = n \cdot f = 8$ und der Bandbreite $L = 5$ ist in der 3. Zeile die Sollverschiebung 0 vorzusehen. Daher wird das Diagonalelement a_{33} durch 10^{30} ersetzt.

Wenn die Auflagerreaktionen berechnet werden sollen, muß z.B. die 3. Zeile in die Datei '80' geschrieben werden. Da nur die rechte Hälfte der symmetrischen GS-Matrix vorhanden ist, speichern wir die Spaltenelemente über a_{33} und die Zeilenelemente rechts von a_{33} einschließlich a_{33} in der Datei '80':

$$a_{13} \quad a_{23} \quad a_{33} \quad a_{34} \quad a_{35} \quad a_{36} \quad a_{37} \qquad .$$

Bei der Bandbreite L des rechtsseitigen Bandes der GS-Matrix muß im Normalfall eine Zeile die Länge $L * 2 - 1$ haben. Nur die ersten und letzten Zeilen sind kürzer. ●

Im Quellprogramm ist die Länge der abzuspeichernden Zeile der GS-Matrix in Zeile 40175 bestimmt:

$$\text{MDA} = \text{MBAND} * 2 - 1 \qquad .$$

Der Einfachheit halber werden alle Zeilen, die zu einer Randbedingung gehören, mit dieser Länge abgespeichert.

Die Unterprogramme CHOLBA und DORG

Im Unterprogramm CHOLBA wird unter Zuhilfenahme des Unterprogramms DORG nach dem Cholesky-Verfahren die Rechtsmatrix R berechnet. Wir stützen uns bei den weiteren Erläuterungen auf das im Abschnitt 1.2.4 beschriebene Verfahren. Da die GS-Matrix eine positiv-definite Matrix ist, liefert das Cholesky-Verfahren eine reellwertige Dreiecksmatrix R. Das Cholesky-

Verfahren kann verkürzt werden, weil die GS-Matrix Bandstruktur besitzt.
Wir wollen daher das Cholesky-Verfahren für Bandmatrizen abwandeln. Gegeben
sei also die GS-Matrix $A = (a_{ij})$, $i,j = 1,\ldots,p$ mit der Bandbreite L:

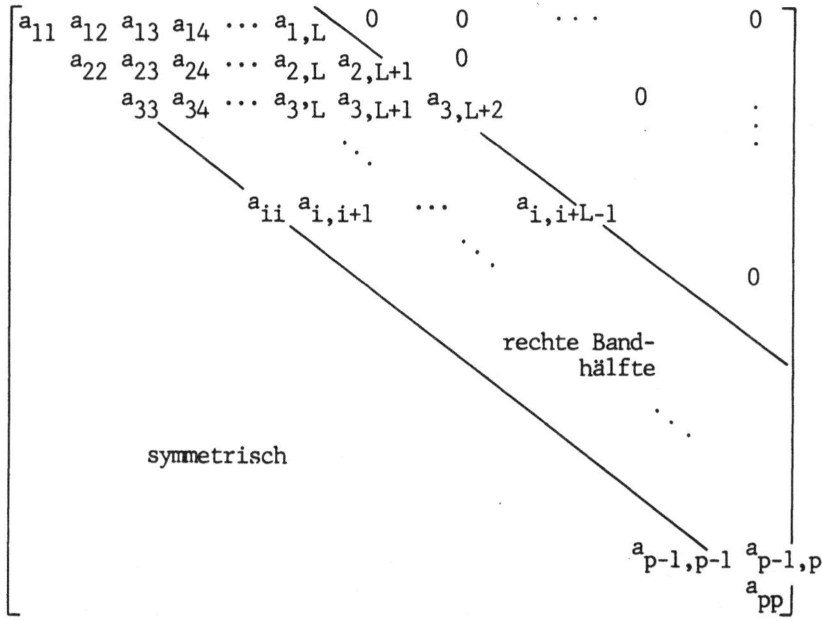

Bild 9-4

Unser Ziel ist es, die Rechtsdreiecksmatrix R zu berechnen:

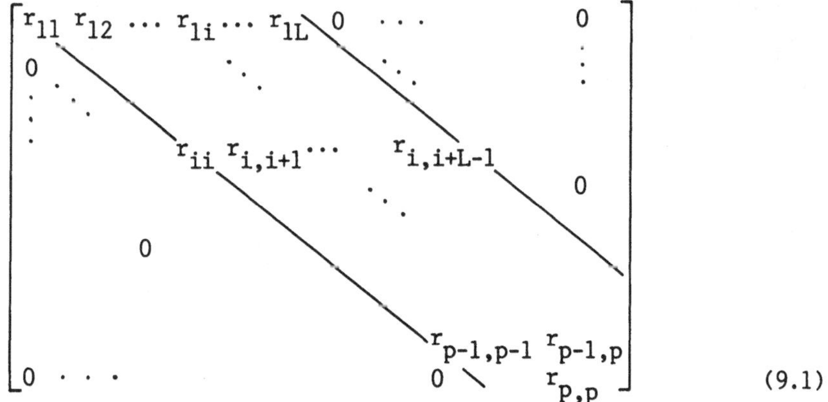

$$(9.1)$$

Wir geben die einzelnen Rechenschritte des Cholesky-Verfahrens, hier auf
das Band aus Bild 9-4 reduziert, noch einmal an:

1. Schritt: Berechnung der ersten Zeile von R.

$$r_{11} \cdot r_{1j} = a_{1j} \quad \text{für } j = 1,\dots,L \;,$$

daraus folgt

$$r_{11} = \sqrt{a_{11}} \quad \text{und}$$

$$r_{1j} = a_{1j}/r_{11} \quad \text{für } j = 2,\dots,L \;.$$

Bei einer vollbesetzten Matrix A müßten noch die folgenden r_{1j} für $j = L+1,\dots,p$ berechnet werden. Hier sind sie 0, da die a_{1j} für $j = L+1,\dots,p$ außerhalb des Bandes von A liegen.

i-ter Schritt: Berechnung der i-ten Zeile von R.

Wir wollen zur Darstellung der normalen Situation $i \geqslant L$ annehmen, weil dann gewährleistet ist, daß ein vollständiges 'Dreieck' aus dem Band am Verfahren beteiligt ist.

Zur Berechnung der r_{ij} in der i-ten Zeile sind also alle darüberliegenden schon berechneten Elemente von R beteiligt. Diese bilden ein aus dem Band herausgeschnittenes 'Dreieck', wie wir in Bild 9-5 erkennen können.

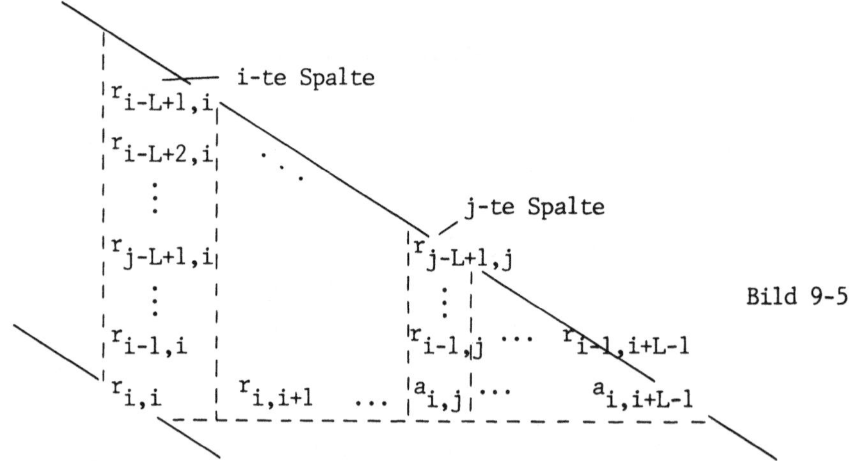

Wir nehmen nun an, daß in der i-ten Zeile die Elemente $r_{i,i}$ bis $r_{i,j-1}$ schon berechnet wurden. Dies ist auch in Bild 9-5 dargestellt.
Dann müssen wir jetzt die i-te Spalte mit der j-ten Spalte kombinieren, um das Element $r_{i,j}$ zu bekommen. Zur Bildung dieses Skalarprodukts werden soviele Multiplikationen gebildet wie die j-te Spalte Elemente hat:

$$r_{j-L+1,i} \cdot r_{j-L+1,j} \ + \ r_{j-L+2,i} \cdot r_{j-L+2,j} \ + \ \cdots$$

$$+ \ r_{i-1,i} \cdot r_{i-1,j} \ + \ r_{i,i} \cdot r_{i,j} \ = \ a_{i,j} \ . \qquad (9.2)$$

Die unbekannte Größe in (9.2) ist das $r_{i,j}$. Nachdem das $r_{i,j}$ berechnet ist, kann es den Platz von $a_{i,j}$ einnehmen, da es nicht mehr benötigt wird. Speziell für $j = i$ ergibt sich das erste Element der i-ten Zeile, d.h. der untersten Zeile im 'Dreieck':

$$r_{i,i} = \sqrt{a_{i,i} - r^2_{i-L+1,i} - \cdots - r^2_{i-1,i}} \qquad (9.3)$$

Für die restlichen $j = i+1,\ldots,i+L-1$ ergeben sich die $r_{i,j}$ durch Auflösen von (9.2), das letzte Element der i-ten Zeile ist für $j = i+L-1$

$$r_{i,i+L-1} = a_{i,i+L-1} / r_{i,i} \qquad (9.4)$$

Damit ist die i-te Zeile, die zuvor nur aus den a_{ij} bestand, mit Hilfe der schon aus der Dreiecksmatrix R stammenden Elemente des darüberliegenden 'Dreiecks' berechnet.

Im nächsten, (i+1)-ten Schritt, wird die (i+1)-te Zeile der $a_{i+1,j}$ durch die $r_{i+1,j}$ ersetzt. Unser 'Dreieck' rückt eine Zeile tiefer, wobei immer die unterste Zeile des 'Dreiecks' die aktuell zu berechnenden Elemente sind.

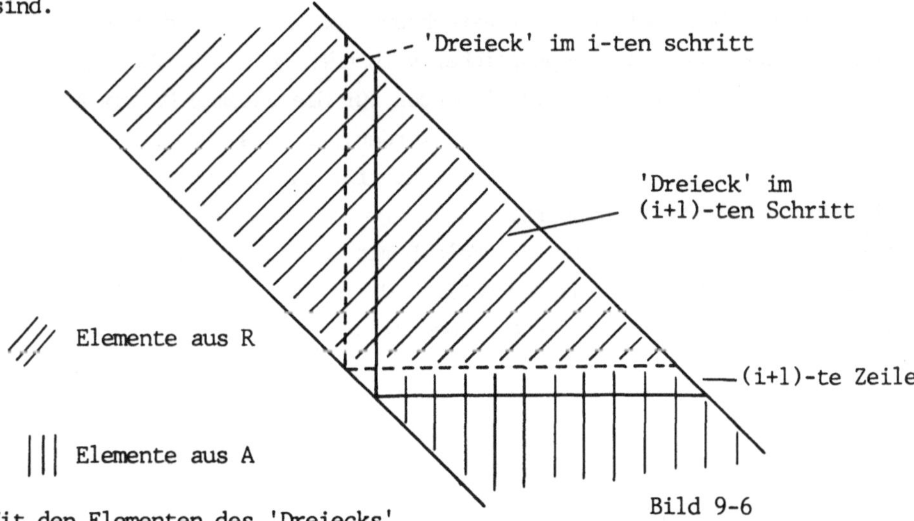

Bild 9-6

Mit den Elementen des 'Dreiecks'
im (i+1)-ten Schritt wird die
(i+1)-te Zeile für R berechnet.

Gegen Ende des Verfahrens 'läuft' das 'Dreieck' aus dem Band heraus,
so daß sich die Anzahl der Rechenoperationen im 'Dreieck' verringert, bis
wir schließlich in einem einzigen Schritt das $r_{p,p}$ berechnen:

p-ter Schritt: Unser 'Dreieck' ist zur letzten Spalte entartet:

$$\begin{bmatrix} r_{p-L+1,p} \\ \vdots \\ r_{p-1,p} \\ a_{p,p} \end{bmatrix}$$

Aus dem Skalarprodukt dieser Spalte mit sich selbst,

$$r^2_{p-L+1,p} + r^2_{p-L+2,p} + \cdots + r^2_{p-1,p} + r^2_{p,p} = a_{p,p} \quad ,$$

erhalten wir

$$r_{p,p} = \sqrt{a_{p,p} - r^2_{p-L+1,p} - \cdots - r^2_{p-1,p}} \quad .$$

Wir nutzen den beschriebenen Algorithmus für programmtechnische Zwecke.
Soll die gesamte GS-Matrix A im Hauptspeicher gehalten werden, so können
wir die $a_{i,j}$ durch die jeweils berechneten $r_{i,j}$ überschreiben, so daß
nach Durchführung des Cholesky-Verfahrens die Bandmatrix A durch die Bandmatrix R überschrieben ist.

Wir erkennen aber auch, daß zur Berechnung von R nur das darüber
liegende 'Dreieck' aus R im Hauptspeicher vorhanden sein muß. Bei einer
Bandbreite L des rechten Bandes von A müßten für die gesamte Matrix A
insgesamt $L \cdot p$ Speicherplätze reserviert werden, für das 'Dreieck' sind
nur $L \cdot (L+1)/2$ Speicherplätze vorzusehen. Hierfür ist das Feld D(3570)
im COMMON-Block /FELD/ vereinbart.

Zu Beginn des Verfahrens ist das Feld D mit Nullen gefüllt. Wird nun
der erste Satz der Matrix A aus der Datei '70' in die unterste Zeile des
'Dreiecks' gelesen, haben wir das folgende Bild:

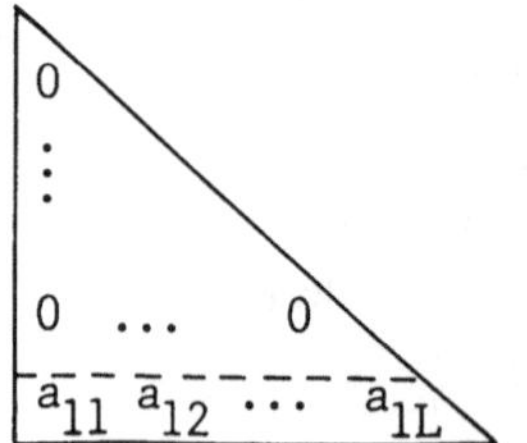

Bild 9-7

Obwohl hier zur Berechnung der r_{1j} nur die unterste Zeile erforderlich ist, benutzen wir den Algorithmus für das komplette 'Dreieck', um das Unterprogramm CHOLBA einfach zu halten. Damit werden zu Anfang zusätzliche Nulloperationen ausgeführt.

Die Elemente des 'Dreiecks' werden zeilenweise im Vektor D abgespeichert, so daß wir die folgende Adressierung für die Elemente haben:

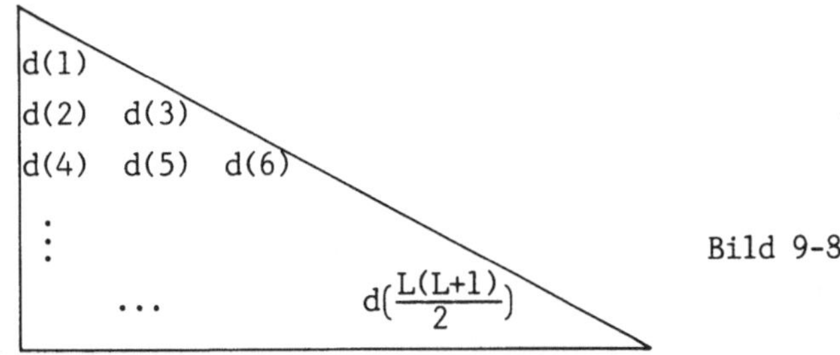

Bild 9-8

Zur Erläuterung der Benutzung des 'Dreiecks' nehmen wir an, daß es einschließlich der untersten Zeile nur aus Elementen aus R besteht. Damit ist gerade die unterste Zeile, die vorher nur aus Elementen aus A bestand, mit Hilfe des Cholesky-Verfahrens durch Elemente aus R überschrieben worden. Im Unterprogramm DORG, das von CHOLBA aufgerufen wird, werden nun drei organisatorische Operationen ausgeführt. Zunächst wird die unterste Zeile aus Elementen aus R als Satz an die Adresse der Datei '70' geschrieben, von wo vorher der Satz der Elemente aus A gelesen wurde. In der Datei '70' wird also die Matrix A durch die Matrix R überschrieben. Als nächstes werden die Elemente innerhalb des 'Dreiecks' neu organisiert. So wie aus Bild 9-6 zu erkennen ist, wird die 1. Spalte des 'Dreiecks' im nächsten Schritt nicht mehr benötigt. Daher gelangen die Elemente innerhalb des 'Dreiecks' jeweils eine Zeile höher und eine Spalte nach links. Dann fällt die linke Spalte heraus:

Reorganisation des eindimensionalen Feldes D zwecks Durchführung des nächsten Schrittes

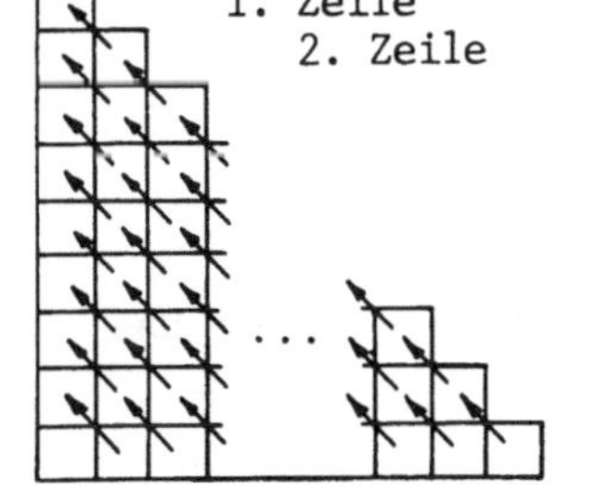

Bild 9-9

Da jetzt die L. Zeile frei ist, wird aus der Datei '70' der nächste Satz
von Elementen aus A in diese L. Zeile eingelesen. Danach erfolgt der Rück-
sprung in das Unterprogramm CHOLBA.

Das Unterprogramm BELA

In diesem Unterprogramm wird der Lastvektor der linken Seite der Gesamtsteifigkeitsbeziehung erstellt. Für den Lastvektor ist im COMMON-Block
/FELD/ das Feld BEL(1000) reserviert. Aus dem Datenblock BELA wurden die
Lastdaten in den COMMON-Block /BELA/ geschrieben, von wo unter Zuhilfenahme der Knotennummer und des betroffenen Freiheitsgrades der Lastwert
in das Feld BEL eingetragen wird.

Im Unterprogramm RAND hatten wir die Randbedingungen in der GS-Matrix
realisiert, indem wir bei Vorgabe einer Sollverschiebung u_i in der i-ten
Zeile das Diagonalelement a_{ii} durch den Wert 10^{30} ersetzten. Ist speziell
$u_i \neq 0$, müssen wir hier im Unterprogramm BELA in der i-ten Komponente
von BEL den Wert $u_i \cdot 10^{30}$ addieren (siehe UP RAND).

Das Unterprogramm VORRUE

Nachdem im Unterprogramm CHOLBA die Rechtsdreiecksmatrix R und im Unterprogramm BELA der Lastvektor BEL erstellt wurden, können wir nun anstelle
des Gleichungssystems

$$A \cdot \vec{x} = \vec{BEL}$$

das System

$$R^T \cdot R \cdot \vec{x} = \vec{BEL}$$

lösen. Zunächst lösen wir das Gleichungssystem

$$R^T \cdot \vec{y} = \vec{BEL}$$

durch Vorwärtseinsetzen und danach das Gleichungssystem

$$R \cdot \vec{x} = \vec{y}$$

durch Rückwärtseinsetzen.

Beim Vorwärtseinsetzen wird wieder das Unterprogramm DORG benötigt,
wobei die sich ergebende Zwischenlösung $\vec{y}$ den Lastvektor BEL überschreibt.
Hier in VORRUE hat das Feld BEL den Namen V. Die Verwaltung von R^T mit
DORG ist notwendig, weil wir spaltenweise durch R laufen müssen.

Beim Rückwärtseinsetzen überschreibt die endgültige Lösung $\vec{x}$ die Zwischenlösung $\vec{y}$ im Feld V. Da auf R jetzt zeilenweise operiert wird, müssen wir
nur die Sätze aus der Datei '70' sukzessive vom letzten bis zum ersten
einlesen und mit $\vec{y}$ verknüpfen, um $\vec{x}$ zu erhalten.

Falls im Parameter PLOT im *DRUCK-Befehl der Wert J gesetzt wurde, erfolgt in VORRUE ein Retten der Verschiebungswerte samt den Knotennummern
in die Datei '99'.

Das Unterprogramm AUSVER

Das Unterprogramm besorgt die Ausgabe der Verschiebungen aus dem Feld
V(1000) heraus, falls der Parameter AUVE im Befehl *DRUCK mit J besetzt
wurde. Die Ausgabe wird über die Anzahl der Freiheitsgrade pro Knoten der
berechneten Struktur gesteuert.

Das Unterprogramm AUSSPA

In AUSSPA wird die Berechnung und Ausgabe der Spannungen, Kräfte und
Momente in den Elementen organisiert. Dieses Unterprogramm wird vom Hauptprogramm aufgerufen, wenn im *DRUCK-Befehl AUSP=J gewählt wurde. Zunächst
wird eine Überschrift gedruckt.

Danach liest AUSSPA aus der Elementedatei '52' die Elementdaten ein,
besorgt sich über die Knotennummern und die Referenznummer die Knotenkoordinaten, die Elementtypnummer und die elementspezifischen Daten wie
E-Modul usw. In Abhängigkeit von den bisher realisierten Elementtypnummern 1. , 4. , 9. wird das zugehörige Unterprogramm zur Spannungsberechnung aufgerufen. In den einzelnen Spannungsunterprogrammen geschieht
die Spannungsberechnung und die Ausgabe der Ergebnisse.

Das Unterprogramm SPA4

Die Normalkräfte und Normalspannungen werden über die Formeln

$$\hat{F} = \frac{A \cdot E \cdot \Delta \hat{u}}{L}$$

und

$$\sigma_{\hat{\hat{xx}}} = \frac{\hat{F}}{A} \quad , \text{ d.h. } \quad \sigma_{\hat{\hat{xx}}} = \frac{E}{L} \cdot (\hat{u}_2 - \hat{u}_1)$$

berechnet, wobei $\hat{u}_1$ und $\hat{u}_2$ die Stabverschiebungen in den Knoten in Stab-
richtung, d.h. die lokalen Verschiebungen sind. $\hat{u}_1$ und $\hat{u}_2$ erhalten wir
über die Beziehungen (1.19) bzw. 7.3, wozu die Richtungscosinus des Stab-

elements berechnet werden müssen.

Das Unterprogramm SPA1

Wir kennen den Verschiebungsansatz $\vec{d}(x,y)$ für das Verschiebungsfeld eines
Elements, den wir ja zur Definition der ES-Matrix des Elements heran-
ziehen. Über die Verschiebungsfunktion $\vec{d}(x,y)$ und die Differential-
operatormatrix B haben wir den Zusammenhang (3.21)

$$\vec{\varepsilon} \;=\; B\cdot\vec{d}$$

und weiter über die Hooke'sche Matrix D die Beziehung (3.29),

$$\vec{\sigma} \;=\; D\cdot\vec{\varepsilon}$$

und damit den Elementspannungsvektor $\vec{\sigma}$ aus dem Verschiebungsvektor $\vec{d}$:

$$\vec{\sigma} \;=\; D\cdot B\cdot\vec{d} \qquad .$$

Speziell für das ebene Scheibendreieck gestalten sich diese Beziehungen
mit (6.90) bis (6.93), wobei das Matrizenprodukt $D_\Delta\cdot C$ in (6.98) steht.
Für diesen ebenen Fall ergeben sich die Spannungen σ_{xx} , σ_{yy} und τ_{xy}
bezüglich des globalen Koordinatensystems. Wegen des linearen Ver-
schiebungsansatzes $\vec{d}(x,y)$ in (6.85) sind die Spannungen konstant über der
Elementfläche.

Die Unterprogramme SPA92 und SPA93

ⓐ SPA92 für ebene Balken:
SPA92 berechnet die lokalen Knotenschnittkräfte in den beiden Knoten des
Balkens. Wir halten uns an die Bezeichnungen in Abschnitt 7.3:

Verschiebungsvektor im Knoten 1
$$\hat{\vec{d}}_1 = \begin{bmatrix} \hat{u}_1 \\ \hat{v}_1 \\ \hat{\gamma}_1 \end{bmatrix} \quad , \quad$$
Kraftvektor im Knoten 1
$$\hat{\vec{F}}_1 = \begin{bmatrix} F_{\hat{x}1} \\ F_{\hat{y}1} \\ M_{\hat{z}1} \end{bmatrix} \quad .$$

Mit der lokalen ES-Beziehung (5.18)' (siehe auch Abschnitt 7.3),

$$\begin{bmatrix} \hat{\vec{F}}_1 \\ \hat{\vec{F}}_2 \end{bmatrix} \;=\; \tilde{K}_e \cdot \begin{bmatrix} \hat{\vec{d}}_1 \\ \hat{\vec{d}}_2 \end{bmatrix} \qquad ,$$

rechnen wir die lokalen Schnittkräfte mittels (7.9) um in

$$
\begin{bmatrix} \overset{\rightarrow}{\hat{F}}_1 \\ \overset{\rightarrow}{\hat{F}}_2 \end{bmatrix} = \tilde{K}_e \cdot T_e \cdot \begin{bmatrix} \vec{d}_1 \\ \vec{d}_2 \end{bmatrix} \quad ,
$$

so daß wir die globalen Verschiebungswerte einsetzen können, um die lokalen Kräfte zu bekommen.

ⓑ SPA93 für räumliche Balken:

SPA93 berechnet die lokalen Knotenschnittkräfte sowie die lokalen Verdrehungen in den Knoten. Zunächst wird die Matrix D_3 aus (7.12) berechnet, so daß wir mit Hilfe von T_e alle lokalen Verschiebungen und Verdrehungen in beiden Knoten über

$$
\overset{\rightarrow}{\hat{w}} = T_e \cdot \vec{w}
$$

ausrechnen können. Die 4. bis 6. und 10. bis 12. Komponente von $\overset{\rightarrow}{\hat{w}}$ sind die lokalen Verdrehungen und werden gedruckt.

Mit Hilfe der lokalen ES-Matrix (7.11) und den soeben berechneten lokalen Verschiebungen und Verdrehungen ergeben sich die lokalen Kräfte in den Knoten über

$$
\begin{bmatrix} \overset{\rightarrow}{\hat{F}}_1 \\ \overset{\rightarrow}{\hat{F}}_2 \end{bmatrix} = \tilde{K}_e \cdot \begin{bmatrix} \overset{\rightarrow}{\hat{d}}_1 \\ \overset{\rightarrow}{\hat{d}}_2 \end{bmatrix}
$$

Die Multiplikation von $\tilde{K}_e$ mit dem lokalen Verschiebungsvektor läßt sich verkürzen. In SPA93 werden nur die ersten 6 Zeilen von $\tilde{K}_e$ im Feld FV(6,12) erstellt und daraus durch Multiplikation mit $\hat{d}_1$, $\hat{d}_2$ der lokale Vektor $\overset{\rightarrow}{\hat{F}}_1$ in den Variablen F(1) bis F(6) des Vektors F(12) berechnet. Die Komponenten F(7) bis F(10) sind die zu F(1) bis F(4) negativen Werte. Die Komponenten F(11) und F(12) werden gesondert berechnet.

<u>Das Unterprogramm AUFLAG</u>

AUFLAG berechnet die Auflagerreaktionen, falls der Parameter AULA = J im *DRUCK-Befehl gesetzt wurde. Im Unterprogramm RAND wurden die Zeilen der GS-Matrix für die unbekannten Auflagerreaktionen in die Datei '80' geschrieben. Sie entsprechen den Untermatrizen K_a und K_{auf} aus (5.35). Obwohl zur Berechnung der Auflagerreaktionen nur die Untermatrix K_{auf} benötigt wird, ist es einfacher, mit K_a, K_{auf} und dem kompletten globalen Verschiebungsvektor zu operieren, da K_a und K_{auf} im realen Fall miteinander vermischt sind. Es entstehen somit einige überflüssige Nullmultiplikationen, die andererseits nicht umständlich ausgeblendet werden müssen.

```
   5 C    *****************************************
  10 C    *****************************************
  15 C    ***          HAUPTPROGRAMM          ***
  20 C    *****************************************
  25 C    *****************************************
  30 C    DAS HAUPTPROGRAMM LIEST DIE BEFEHLE AUS DER BEFEHLS-
  35 C    DATEI, UEBERNIMMT DIE PARAMETERWERTE UND STEUERT
  40 C    ENTSPRECHEND DEN AUFRUF DER UNTERPROGRAMME
  45 C************************************************************************
  50 C*    VERWENDETE VARIABLEN:                                            *
  55 C*                                                                     *
  60 C*    TYP      : BELEGT MIT '*TYP'. DIENT DAZU, DEN BEFEHL             *
  65 C*               *TYPEN ZU ERKENNEN.                                   *
  70 C*    DRU      : BELEGT MIT '*DRU'. DIENT DAZU, DEN BEFEHL             *
  75 C*               *DRUCK  ZU ERKENNEN.                                  *
  80 C*    RELE     : BEZEICHNET DIE ART DER RECHENLEISTUNG                 *
  85 C*    AUST     : LITERAL-KONSTANTE, DIE DAS AUSDRUCKEN                 *
  90 C*               DER STRUKTUR STEUERT                                  *
  95 C*    AUVE     : LITERAL-KONSTANTE, DIE DAS AUSDRUCKEN DER             *
 100 C*               DER VERSCHIEBUNGEN STEUERT                            *
 105 C*    AUSP     : LITERAL-KONSTANTE, DIE DAS AUSDRUCKEN DER             *
 110 C*               SPANNUNGEN STEUERT                                    *
 115 C*    AULA     : LITERALKONSTANTE, DIE DAS AUSDRUCKEN DER              *
 120 C*               AUFLAGERREAKTIONEN STEUERT                            *
 125 C*    PLOT     : LITERALKONSTANTE, DIE DAS RETTEN DER                  *
 130 C*               VERSCHIEBUNGEN IN DIE DATEI '99' ZUM                  *
 135 C*               SPAETEREN PLOTTEN STEUERT                             *
 140 C*    ANZA     : ANZAHL DER EINZULESENDEN ELEMENTTYPEN                 *
 145 C*    KOANZ    : DIMENSION DES KOORDINATENSYSTEMS                      *
 150 C*    FREI     : ANZAHL DER FREIHEITSGRADE PRO KNOTEN                  *
 155 C*    MBAND    : BANDBREITE DER EINGEGEBENEN STRUKTUR                  *
 160 C*    MBA      : VOM PROGRAMM ZUGELASSENE BANDBREITE                   *
 165 C*    LGS      : LAENGE DER GS-MATRIX                                  *
 170 C*                                                                     *
 175 C*    VERWENDETE FELDER                                                *
 180 C*                                                                     *
 185 C*    A        : NIMMT EINE ZEILE AUS DER DATEI '70' AUF              *
 190 C*    ETYP     : ENTHAELT DIE EINGELESENEN ELEMENTTYPEN               *
 195 C*    D        : ENTHAELT SPAETER DIE FUER DAS CHOLESKY-              *
 200 C*               VERFAHREN BENOETIGTE "DREIECKSMATRIX" AUS            *
 205 C*               DEM BAND DER GS-MATRIX                               *
 210 C*    LAD      : LAENGE VON D                                        *
 215 C*    V        : ENTHAELT SPAETER DEN BELASTUNGSVEKTOR               *
 220 C*               UND DANN DIE VERSCHIEBUNGEN                          *
 225 C*    LAV      : LAENGE VON V                                        *
 230 C*    XKN      : FELD DER KNOTENKOORDINATEN                          *
 235 C*    LAX      : LAENGE VON XKN                                      *
 240 C************************************************************************
 245         INTEGER  ANZA,FREI,RELE,AUST,AUVE,AUSP,AULA,PLOT
 250         DATA DRU,TYP,NT,JA  /'*DRU','*TYP','T','J'/
 255 C
 260         COMMON /FELD/    A(84),D(3570),V(1000),XKN(1000)
 265        *       /REFE/    REF(10,7)
 270        *       /RAND/    KNRA(50),NARA(50,6),RV(50,6)
 275        *       /BELA/    KNBE(70),NULA(70),BELAST(70,6)
 280        *       /PAR/     KOANZ,FREI,ANZA,ETYP(3),MBAND,LELE,
 285        *                 NAME(6),LREF,LRAN,KGRNR,LGS,LAD,LAV,LAX
```

```
290 C
295          LAD = 3570
300          LAX=  1000
305          LAV = 1000
310 C
315 C              EINLESEN DES *DRUCK-BEFEHLS
320 C
325          READ(5,1,END=140) BEF,RELE,AUST,AUVE,AUSP,AULA,PLOT
330 1        FORMAT(A4,2X,6(6X,A1))
335          IF(BEF.EQ.DRU) GOTO 100
340 C
345          WRITE(6,2)
350 2        FORMAT(1H0,'*DRUCK-BEFEHL FALSCH ODER NICHT 1. SATZ')
355          STOP
360 C
365 C              EINLESEN DES *TYPEN-BEFEHLS
370 C
375 100      READ(5,3,END=140) BEF,KOANZ,FREI,ANZA,(ETYP(J),J=1,2)
380        *                   ,(NAME(J),J=1,FREI)
385 3        FORMAT(A4,3X,3(6X,I1),6X,2F2.0,7X,6A2)
390          IF (BEF.EQ.TYP) GOTO 150
395 C
400          WRITE(6,5)
405 5        FORMAT(1H0,'*TYP-BEFEHL FALSCH ODER NICHT 2.SATZ')
410          STOP
415 C
420 140      WRITE(6,7)
425 7        FORMAT(1H0,'BEFEHLE FEHLEN ODER SIND FALSCH')
430          STOP
435 C
440 C            ******************************
445 C            ***   AUFRUF UP EINGAB   ***
450 C            ******************************
455 C
460 150      IF (AUST.EQ.JA) WRITE (6,11)
465 11       FORMAT (1H1)
470          CALL  EINGAB   (KFEHL,AUST,NLAFA,NBE,NSOLL)
475 C
480 C        PRUEFEN, OB DIE BANDBREITE DER STRUKTUR
485 C        KLEINER ALS DIE VOM PROGRAMM FESTGELEGTE
490 C        UND DIE LAENGE DER GS-MATRIX KLEINER ALS
495 C        DIE IM PROGRAMM FESTGELEGTE LAENGE IST
500 C
505          MBA = -0.5 + (0.25 + 2*LAD)**0.5
510          WRITE (6,8) MBAND,LGS,MBA,LAV
515 8        FORMAT (/1H0,20X,'DIE BANDBREITE DER STRUKTUR IST ',I5,/
520        *        1H ,20X,'DIE LAENGE DER GS-MATRIX IST ',I5,/
525        *        1H ,20X,'DIE IM PROGRAMM FESTGELEGTEN GRENZEN SIND:',/
530        *        1H ,20X,'BANDBREITE = ',I5,
535        *        ', LAENGE DER GS-MATRIX = ',I5)
```

```fortran
540         IF (MBAND.LE.MBA.AND.LGS.LE.LAV) GOTO 160
545         WRITE(6,10)
550 10      FORMAT(1H ,'IHRE STRUKTUR KANN NICHT BERECHNET WERDEN')
555         STOP
560 C
565 160     IF(KFEHL.EQ.1.OR.RELE.EQ.NT) STOP
570 C               ********************************
575 C               ***   AUFRUF UP GESAMT   *********
580 C               ********************************
585 C
590         CALL GESAMT
595 C
600 C               ********************************
605 C               *** AUFRUF UP RAND   ************
610 C               ********************************
615 C
620         CALL RAND (AULA)
625 C
630 C               ********************************
635 C               ****    AUFRUF UP CHOLBA   *******
640 C               ********************************
645 C
650         CALL CHOLBA
655 C
660 C   ***********************************************************
665 C   *  DO-SCHLEIFE UEBER DIE VERSCHIEDENEN LASTFAELLE *
670 C   ***********************************************************
675 C
680         DO 200    LF=1,NLAFA
685           WRITE (6,9) LF
690 9         FORMAT (1H1/1H0,25X,24(1H*)/
695     *             1H ,25X,'*ERGEBNISSE LASTFALL ',I2,'*'/
700     *             1H ,25X,24(1H*))
705         CALL BELA (LF,NBE,NSOLL)
710         CALL VORRUE (PLOT)
715 C
720         IF (AUVE.EQ.JA)   CALL AUSVER(LF)
725 C
730         IF (AUSP.EQ.JA)   CALL AUSSPA(LF)
735 C
740         IF (AULA.EQ.JA)   CALL AUFLAG(LF)
745 C
750 200     CONTINUE
755         WRITE (6,11)
760         STOP
765         END
```

```
10000 C     ********************************************
10005 C     ********************************************
10010 C     ***      UNTERPROGRAMM EINGAB            ***
10015 C     ********************************************
10020 C     ********************************************
10025 C     DAS UP  EINGAB LIFST DIE STRUKTURDATEI '50' UND
10030 C     SCHREIBT DIE WERTE IN DATEIEN BZW. FELDER,
10035 C     AUSSERDEM UEBERPRUEFUNG DER EINGABEDATEN
10040 C******************************************************************
10045 C*      NEIN  : BELEGT MIT 'N'                                    *
10050 C*      I     : ZAEHLT DIE SAETZE AUS DER STRUKTURDATEI *
10055 C*      MBAND : BANDBREITE DER GS-MATRIX                         *
10060 C*      LREF  : ANZAHL DER REFERENZEN.                           *
10065 C*      LELE  : ANZAHL DER ELEMENTE.                             *
10070 C*      LRAN  : ANZAHL DER RANDBEDINGUNGEN.                      *
10075 C*      KGRNR : GROESSTE EINGELESENE KNOTENNUMMER.               *
10080 C*      LGS   : ANZAHL ZEILEN DER GS-MATRIX                      *
10085 C*      NLAFA : ANZAHL DER LASTFAELLE.                           *
10090 C*      NBE:    ANZAHL DER BELASTUNGEN.                          *
10095 C*      NSOLL : AUF 1 GESETZT, WENN SOLLVERSCHIEBUNGEN           *
10100 C*              UNGLEICH 0 VORHANDEN SIND.                       *
10105 C*      FLEM  : BELEGT MIT 'ELEM'                                *
10110 C*      REFE  : BELEGT MIT 'REFE'                                *
10115 C*      RAND  : BELEGT MIT 'RAND'                                *
10120 C*      BELA  : BELEGT MIT 'BELA'                                *
10125 C*      STERN : BELEGT MIT '*'                                   *
10130 C*      ENDE  : BELEGT MIT 'ENDE'                                *
10135 C*      IKSUM : SUMME DER KNOTENNUMMERN.                         *
10140 C*      IESUM : SUMME DER ELEMENTNUMMERN.                        *
10145 C*      IKO   : WIRD AUF 1 GESETZT, WENN DER DATENBLOCK *
10150 C*              KOOR GEFUNDEN WURDE.                             *
10155 C*      IEL   : WIRD AUF 1 GESETZT, WENN DER DATENBLOCK *
10160 C*              FLEM GEFUNDEN WURDE.                             *
10165 C*      IRE   : WIRD AUF 1 GESETZT, WENN DER DATENBLOCK *
10170 C*              REFE GEFUNDEN WURDE.                             *
10175 C*      IRA   : WIRD AUF 1 GESETZT, WENN DER DATENBLOCK *
10180 C*              RAND GEFUNDEN WURDE.                             *
10185 C*      IBE   : WIRD AUF 1 GESETZT, WENN DER DATENBLOCK *
10190 C*              BELA GEFUNDEN WURDE.                             *
10195 C*      IST   : NIMMT DEN STERN DES LETZTEN SATZES              *
10200 C*              EINES DATENBLOCKS AUF                           *
10205 C*      I3    : ANZAHL DER KNOTEN PRO ELEMENT                    *
10210 C*      MREFE : REFERENZNUMMER DER VORHER                       *
10215 C*              GELESENEN ZEILE IM DATENBLOCK ELEM              *
10220 C*      KNANZ : ANZAHL KNOTEN PRO ELEMENT DER                    *
10225 C*              VORHER GELESENEN ZEILE AUS ELEM                 *
10230 C*      MK    : MAXIMALE KNOTENNUMMERNDIFFERENZ                  *
10235 C*              EINES ELEMENTS                                  *
10240 C*      ML    : GROESSTE KNOTENNUMMERNDIFFERENZ                  *
10245 C*              ALLER ELEMENTE                                  *
10250 C*      VERWENDETE FELDER                                        *
10255 C*      ****************                                         *
10260 C*                                                               *
10265 C*      S     : NIMMT AUS DEM DATENBLOCK KOOR                    *
10270 C*              DIE KOORDINATEN AUF                             *
10275 C*      I4    : NIMMT BEIM LESEN IM DATENBLOCK ELEM             *
10280 C*              DIE NUMMERN  DER KNOTEN AUF.                    *
```

```fortran
10285 C*      NAME   : ENTHAELT DIE NAMEN DER RANDBEDINGUNGEN   *
10290 C*               AUS DEM *TYPEN-BEFEHL                      *
10295 C*      REF    : DIE WERTE AUS DEM DATENBLOCK REFE          *
10300 C*      KNRA   : KNOTENNUMMERN MIT RANDBEDINGUNGEN          *
10305 C*      NARA   : NAMEN DER RANDBEDINGUNGEN AUS              *
10310 C*               AUS DEM DATENBLOCK RAND                    *
10315 C*      RV     : ENTHAELT DIE SOLLVERSCHIEBUNGEN            *
10320 C*      KNBE   : ENTHAELT DIE  KNOTENNUMMERN                *
10325 C*      NULA   : ENTHAELT DIE  BELASTUNGSFAELLE             *
10330 C*      BELAST: ENTHAELT DIE  BELASTUNGEN                   *
10335 C***************************************************************
10340         SUBROUTINE   EINGAB (KFEHL,AUST,NLAFA,NBE,NSOLL)
10345 C
10350         INTEGER    ELEM,REFE,RAND,BELA,STERN,
10355       *            ENDE,AUST,ANZA,FREI
10360 C
10365         DIMENSION   S(3),I4(3)
10370 C
10375         COMMON   /FELD/   A(84),D(3570),V(1000),XKN(1000)
10380       *          /REFE/   REF(10,7)
10385       *          /RAND/   KNRA(50),NARA(50,6),RV(50,6)
10390       *          /BELA/   KNBE(70),NULA(70),BELAST(70,6)
10395       *          /PAR/    KOANZ,FREI,ANZA,ETYP(3),MBAND,LELE,
10400       *                   NAME(6),LREF,LRAN,KGRNR,LGS,LAD,LAV,LAX
10405 C
10410 C
10415         DATA   KOOR,ELEM,REFE,RAND,BELA,STERN,ENDE
10420       */'KOOR','ELEM','REFE','RAND','BELA','*','ENDE'/
10425 C
10430         DATA   IELEM,IKSUM,IKO,IEL,IRE,IRA,IBE,I,
10435       *        ML,NEIN,NBLANK  /8*0,1,'N','  '/
10440 C
10445         KGRNR = 0
10450         NLAFA = 0
10455 C
10460 C          SUCHEN EINES DATENBLOCKNAMENS
10465 C          IN DER STRUKTURDATEI
10470 C
10475 100     READ (50,1,END=700) MTEXT
10480   1     FORMAT (A4)
10485         I = I + 1
10490         IF (MTEXT.EQ.KOOR)   GOTO 1000
10495         IF (MTEXT.EQ.ELEM)   GOTO 2000
10500         IF (MTEXT.EQ.REFE)   GOTO 3000
10505         IF (MTEXT.EQ.RAND)   GOTO 4000
10510         IF (MTEXT.EQ.BELA)   GOTO 5000
10515         IF (MTEXT.EQ.ENDE)   GOTO 300
10520         GOTO 100
10525 C
10530 300     IF(IKO*IEL*IRE*IRA*IBE.NE.0) RETURN
10535 400     WRITE(6,2)
10540   2     FORMAT(1H0,'DATENBLOCKNAME ODER KOMPLETTER '
10545       *          ,'DATENBLOCK FEHLT')
10550         KFEHL = 1
10555         RETURN
```

```
10560 C
10565 C                DATEIENDE GEFUNDEN, D.H. DER
10570 C                EINGABEPARAMETER ENDE FEHLT
10575 C
10580   700    WRITE (6,3)
10585 3        FORMAT (1H0,'WARNUNG: ENDE-PARAMETER'
10590          *              ,' IN STRUKTURDATEI FEHLT')
10595          GOTO 300
10600 C
10605 C        ********************************
10610 C        *    DATENBLOCK KOOR           *
10615 C        ********************************
10620 C
10625 1000   IKO = 1
10630 C
10635 C                AUSDRUCKEN DES KOPFES FUER DEN
10640 C                DATENBLOCK KOOR,FALLS AUST ='J'
10645 C
10650          IF (AUST.EQ.NEIN)  GOTO 1100
10655          WRITE (6,4)
10660   4      FORMAT (1H0,25X,'KNOTENKOORDINATEN'/
10665          *        1H ,25X,17('=')/
10670          *        1H ,5X,'KNOTEN',9X,'X-KOORDINATE',
10675          *           9X,'Y-KOORDINATE')
10680          IF (KOANZ.NE.2)  WRITE (6,5)
10685   5      FORMAT (1H+,62X,'Z-KOORDINATE')
10690 C
10695 C         EINLESEN EINER ZEILE DES DATENBLOCKS KOOR
10700 C         UND AUSDRUCKEN DER ZEILE, FALLS AUST ='J'
10705 C
10710 1100   READ (50,7,ERR=8000)  IST,I1,(S(J),J=1,KOANZ)
10715   7      FORMAT(A1,I4,5X,3F10.0)
10720          I=I+1
10725          IF (AUST.EQ.NEIN)  GOTO 1200
10730          WRITE (6,8) I1,(S(J),J=1,KOANZ)
10735   8      FORMAT (1H ,7X,I4,3(6X,F15.4))
10740 C
10745 C         FESTSTELLEN DER BISHER GROESSTEN KNOTENNUMMER
10750 C
10755 1200   IF (I1.GT.KGRNR) KGRNR=I1
10760 C
10765 C         FESTSTELLEN DER SUMME ALLER
10770 C         BISHER GELESENEN KNOTENNUMMERN
10775 C
10780          IKSUM = IKSUM + I1
10785 C
10790 C         SCHREIBEN DER KNOTENKOORDINATEN IN DAS FELD XKN
10795 C
10800          NA = (I1-1)*KOANZ
10805          DO 1250 J = 1,KOANZ
10810 1250   XKN(NA+J) = S(J)
10815 C
10820 C         PRUEFEN AUF * (LETZTE ZEILE IM DATENBLOCK)
10825 C
10830          IF(IST.NE.STERN) GOTO 1100
```

```
10835 C
10840 C                  FESTSTELLEN DER LAENGE DER GS-MATRIX
10845 C
10850          IF(KGRNR*KOANZ.LE.LAX) GOTO 1300
10855          WRITE(6,6)
10860 6        FORMAT(1H0,'FELD XKN DER KNOTENKOORDINATEN ZU KLEIN, ',
10865      *              'AENDERN SIE LAX UND DIE DIMENSION VON XKN')
10870          KFEHL = 1
10875 1300   LGS=KGRNR*FREI
10880 C
10885 C             ERMITTELN DER THEORETISCHEN SUMME DER KNOTEN-
10890 C             NUMMERN UND VERGLEICH MIT DER REALEN SUMME
10895 C
10900          K=KGRNR*(KGRNR+1)/2
10905          IF (IKSUM.EQ.K)  GOTO 100
10910          WRITE (6,9)
10915     9    FORMAT (1H0,'FEHLER: KNOTENNUMMER IN KOOR FEHLT',
10920      *               ' IST DOPPELT ODER ES WURDEN NICHT ',
10925      *              'FORTLAUFENDE KNOTENNUMMERN VERWENDET')
10930          KFEHL=1
10935          GOTO 100
10940 C
10945 C       *********************************
10950 C       *     DATENBLOCK ELEM           *
10955 C       *********************************
10960 C
10965 2000   IEL = 1
10970 C
10975 C             VOREINSTELLEN DER ELEM-PARAMETER
10980 C             'REFERENZ-NR' AUF 1 UND 'KNOTENANZAHL' AUF 2
10985 C
10990          MREFE= 1
10995          KNANZ=2
11000 C
11005          LELE = 0
11010 C
11015 C          AUSDRUCKEN DES KOPFES FUER DEN
11020 C          DATENBLOCK ELEM, FALLS AUST = 'J'
11025 C
11030          IF (AUST.EQ.NEIN)  GOTO  2100
11035          WRITE (6,10)
11040 10       FORMAT (1H0,25X,'ANGABEN ZUR STRUKTUR'/
11045      *            1H ,25X,20('=')/
11050      *            1H ,5X,'ELEMENT',4X,'REFERENZ',
11055      *               2X,'KNOTENZAHL',3X,'KNOTEN'/)
11060 C
11065 C          EINLESEN EINER ZEILE DES DATENBLOCKS ELEM
11070 C
11075 2100   READ (50,11,ERR=8000) IST,I1,I2,I3,(I4(M),M=1,3)
11080 11       FORMAT(A1,I4,5I5)
11085          I=I+1
11090          LELE = LELE + 1
```

```
11095 C
11100 C          FALLS KEINE KNOTENANZAHL ANGEGEBEN WURDE, WIRD DIE
11105 C          KNOTENANZAHL DER VORHERGEHENDEN ZEILE UEBERNOMMEN
11110 C          BZW. I3 = 2 AUS DER VOREINSTELLUNG FUER KNANZ
11115 C
11120        IF (I3.EQ.0)   I3=KNANZ
11125        KNANZ=I3
11130 C
11135 C          FALLS IN DER ZEILE KEINE REFERENZ ANGEGEBEN WURDE,
11140 C          WIRD DIE REFERENZ DER VORHERGEHENDEN ZEILE
11145 C          UEBERNOMMEN BZW. WENN ES DIE ERSTE ZEILE DES DATEN-
11150 C          BLOCKES ELEM IST, WIRD DIE VOREINSTELLUNG BENUTZT
11155 C
11160        IF (I2.EQ.0)   I2=MREFE
11165        MREFE=I2
11170 C
11175 C          ERMITTELN DER SUMME DER BISHER
11180 C          EINGELESENEN ELEMENTNUMMERN
11185 C
11190        IESUM=IESUM+I1
11195 C
11200 C          FALLS IN DER BEFEHLSDATEI AUST='J'
11205 C          AUSDRUCKEN DER ZEILE
11210 C
11215        IF (AUST.EQ.NEIN)   GOTO 2200
11220        WRITE (6,12) I1,I2,I3,(I4(M),M=1,I3)
11225 12     FORMAT (1H ,3(8X,I4),3(4X,I4))
11230 C
11235 C          ES WIRD DIE BANDBREITE DES ELEMENTS ERMITTELT
11240 C          UND, WENN SIE GROESSER ALS ALLE BISHER BERECHNETEN
11245 C          BANDBREITEN IST, IN DER VARIABLEN ML ABGESPEICHERT
11250 C
11255 2200   MK = 1
11260        DO 2300 M = 2,I3
11265        DO 2300 J = M,I3
11270        MZ = IABS (I4(J) - I4(M-1) )
11275        IF (MZ .GT. MK) MK = MZ
11285 2300   CONTINUE
11295        IF(MK.GT.ML) ML = MK
11300 C
11305 C          RETTEN DER EINGELESENEN ZEILE
11310 C
11315        WRITE (52) I1,I2,I3,(I4(M),M=1,I3)
11320 C
11325 C          PRUEFEN AUF * (LETZTE ZEILE IM DATENBLOCK)
11330 C
11335        IF (IST.NE.STERN)   GOTO  2100
11340 C
11345 C          BANDBREITE DER GS-MATRIX
11350 C
11355        MBAND = (ML+1)*FREI
```

```
11360 C
11365 C           VERGLEICH DER REALEN SUMME DER
11370 C           ELEMENTE MIT DER THEORETISCHEN
11375 C
11380         IF (IESUM.EQ.LFLE*(LELE+1)/2) GOTO 100
11385         WRITE (6,13)
11390 13      FORMAT (1H0,'FEHLER: ELEMENTNUMMER IN ELEM FEHLT, ',
11395        *'IST DOPPELT VORHANDEN ODER ES WURDEN NICHT FORT',
11400        *'LAUFENDE ELEMENTNUMMERN VERWENDET')
11405         KFEHL=1
11410         GOTO 100
11415 C
11420 C       **********************************
11425 C       *       DATENBLOCK REFE          *
11430 C       **********************************
11435 C
11440 3000    IRE = 1
11445 C
11450 C           AUSDRUCKEN DES KOPFES FUER DEN
11455 C           DATENBLOCK FALLS AUST = 'J'
11460 C
11465         IF (AUST.EQ.NEIN)  GOTO 3100
11470         WRITE (6,14)
11475   14    FORMAT (1H0,25X,'REFERENZEN'/
11480        *          1H ,25X,10('=')/
11485        *          1H ,6X,'NUMMER',2X,'REFERENZ 1',2X,'REFERENZ 2'
11490        *          ,2X,'REFERENZ 3',2X,'REFERENZ 4',2X,
11495        *          'REFERENZ 5',2X,'REFERENZ 6',2X,'REFERENZ 7'/)
11500 3100    J=1
11505 3200    READ (50,15,ERP=8000) IST,NU,(REF(NU,L),L=1,7)
11510 15      FORMAT(A1,I4,5X,7F10.0)
11515         IF(J.LE.10) GOTO 3250
11520         WRITE(6,18)
11525 18      FORMAT (1H0,'MEHR ALS 10 VERSCHIEDENE REFERENZEN'////)
11530         KFEHL=1
11535         GOTO 100
11540 3250    I = I + 1
11545 C
11550 C           AUSDRUCKEN DER ZEILE ,FALLS AUST ='J'
11555 C
11560         IF (AUST.EQ.NEIN)  GOTO 3300
11565         WRITE (6,16) NU,(REF(NU,L),L=1,7)
11570 16      FORMAT (1H ,8X,I4,7(2X,F10.2))
11575 C
11580 C           VERGLEICH DES GELESENEN ELEMENTTYPS MIT
11585 C           DEN ELEMENTTYPEN AUS DER BEFEHLSDATEI
11590 C
11595 3300    DO 3400  NX=1,ANZA
11600         IF (REF(NU,1).EQ.ETYP(NX))  GOTO 3500
11605 3400    CONTINUE
11610         WRITE (6,17) REF(NU,1)
11615   17    FORMAT (1H0,'FEHLER: ELEMENTTYP',E17.10,'STIMMT NICHT
11620        * MIT DEN IN DER BEFEHLSDATEI ANGEGEBENEN ELEMENTTYPEN
11625        * UEBEREIN')
11630         KFEHL = 1
```

```
11635 C
11640 C              PRUEFEN AUF * (LETZTE ZEILE IM DATENBLOCK)
11645 C
11650 3500   J = J + 1
11655        IF (IST.NE.STERN) GOTO  3200
11660        LREF  = J - 1
11665        GOTO 100
11670 C
11675 C      *********************************
11680 C      *       DATENBLOCK RAND          *
11685 C      *********************************
11690 C
11695 4000   IRA = 1
11700 C
11705 C          AUSDRUCK DES KOPFES FUER DEN
11710 C          DATENBLOCK RAND,FALLS AUST ='J'
11715 C
11720        IF (AUST.EQ.NEIN)  GOTO 4100
11725        WRITE  (6,19)
11730 19     FORMAT (1H0,25X,'RANDBEDINGUNGEN'/
11735      *          1H ,25X,15('=')/
11740      *          1H ,5X,'KNOTEN',5X,
11745      *          'AUFGEZWUNGENGE VERSCHIEBUNGEN'/)
11750 C
11755 C          EINLESEN EINER ZEILE DES DATENBLOCKS RAND.
11760 C
11765 4100   J=1
11770 4200   READ (50,20,ERR=8000) IST,KNRA(J),(NARA(J,M),
11775      *                       RV(J,M) ,M=1,3)
11780 20     FORMAT(A1,I4,5X,3(A2,8X,F10.0))
11785        IF(FREI.GT.3)
11790      *READ(50,25,ERR=8000) IST,(NARA(J,M),RV(J,M),M=4,6)
11795 25     FORMAT(A1,9X,3(A2,8X,F10.0))
11800        IF(J.LE.50) GOTO 4225
11805        WRITE (6,23)
11810 23     FORMAT (1H0,'FEHLER: MEHR ALS 50 RANDBEDINGUNGEN')
11815        KFEHL=1
11820        GOTO 100
11825 C
11830 4225   I = I + 1
11835 C
11840 C          AUSDRUCKEN DER ZEILE, FALLS AUST ='J'
11845 C
11850        IF (AUST.EQ.NEIN)  GOTO 4300
11855        WRITE(6,21) KNRA(J),(NARA(J,M),RV(J,M),M=1,FREI)
11860 21     FORMAT (1H ,7X,I4,3X,6(1X,A2,'=',1X,E10.3))
11865 C
11870 C          VERGLEICH DER NAMEN DER RANDBEDINGUNGEN
11875 C          MIT DENEN IM *TYPEN-BEFEHL
11880 C
11885 4300   DO  4400  M=1,FREI
11890        DO  4350  MM=1,FREI
11895        IF (NARA(J,M).EQ.NAME(MM).OR.NARA(J,M).EQ.NBLANK)
11900      *    GOTO 4380
11905 4350   CONTINUE
```

```
11910         WRITE (6,22)
11915 22      FORMAT (1H0,'FALSCHER NAME FUER EINE RANDBEDINGUNG ',
11920       *            'BZW. NAME NICHT LINKSBUENDIG EINGETRAGEN')
11925         KFEHL=1
11930 C
11935 C             SETZEN DER VARIABLEN NSOLL AUF 1, FALLS
11940 C             SOLLVERSCHIEBUNGEN UNGLEICH NULL VORHANDEN
11945 C
11950 4380    IF (RV(J,M).NE.0.) NSOLL=1
11955 4400    CONTINUE
11960 C
11965 C             PRUEFEN AUF * (LETZTE ZEILE IM DATENBLOCK)
11970         J = J + 1
11975         IF(IST.NE.STERN)  GOTO  4200
11980         LRAN  = J - 1
11985         GOTO 100
11990 C
11995 C      ****************************************
12000 C      *    DATENBLOCK BFLA                   *
12005 C      ****************************************
12010 C
12015 5000    IBE = 1
12020         NLA = 1
12025 C
12030 C             AUSDRUCKEN DES KOPFES FUER DEN
12035 C             DATENBLOCK BELA, FALLS AUST = 'J'
12040 C
12045         IF (AUST.EQ.NEIN)  GOTO 5100
12050         WRITE (6,24) (NAME(MM),MM=1,FREI)
12055 24      FORMAT (1H0,25X,'BELASTUNGEN'/
12060       *         1H ,25X,11('=')/
12065       *         1H ,5X,'KNOTEN',5X,'LASTFALL'
12070       *          ,6(1X,A2,'-KOMPONENTE')))
12075 C
12080 C             EINLESEN EINER ZEILE DES DATENBLOCKS BELA
12085 C
12090 5100    J=1
12095 5200    READ (50,27,ERR=8000) IST,KNBE(J),NULA(J),
12100       *                     (BELAST(J,M),M=1,FREI)
12105 27      FORMAT(A1,I4,I5,6F10.0)
12110         IF(J.LE.70) GOTO 5300
12115         WRITE (6,29)
12120 29      FORMAT (1H0,'FEHLER: BELASTUNGEN AN MEHR ALS 70 ',
12125       *              'VERSCHIEDENEN KNOTEN'//)
12130         KFEHL=1
12135         GOTO 100
12140 5300    I = I + 1
12145 C
12150 C             UEBERNAHME DES BELASTUNGSFALLS AUS DER
12155 C             VORHERGEHENDEN ZEILE, FALLS IN DIESER ZEILE
12160 C             KEIN BELASTUNGSFALL ANGEGEBEN WURDE
12165 C
12170         IF (NULA(J).EQ.0)   NULA(J)=NLA
12175         NLA=NULA(J)
```

```fortran
12180 C
12185 C          AUSDRUCKEN DER ZEILE, FALLS AUST ='J'
12190 C
12195           IF (AUST.EQ.NEIN)  GOTO 5400
12200           WRITE (6,28)  KNBE(J),NULA(J),(BELAST(J,M),M=1,FREI)
12205 28        FORMAT (1H ,4X,I4,9X,I4,6(3X,E10.3,1X))
12210 C
12215 C          ABSPEICHERN DER BISHER GROESSTEN
12220 C          LASTFALLNUMMER IN DER VARIABLEN NLAFA
12225 C
12230 5400      IF (NLAFA.LT.NLA) NLAFA=NLA
12235 C
12240 C          PRUEFEN AUF * (LETZTE ZEILE IM DATENBLOCK)
12245 C
12250           J = J + 1
12255           IF (IST.NE.STERN)  GOTO 5200
12260           NBE = J - 1
12265           GOTO 100
12270 C
12275 C          FEHLERMELDUNG, FALLS EIN FEHLER BEIM
12280 C          LESEN EINER ZEILE DES DATENBLOCKS AUFTRAT
12285 C
12290 8000      I = I + 1
12295           WRITE (6,30) I
12300 30        FORMAT (1H0,'EINLESEFEHLER IN ZEILE',I5/
12305      *           1H ,'MOEGLICHER FEHLER: STERN FEHLT'/
12310      *           1H ,13X,'ODER: FALSCHER ZAHLTYP'/
12315      *           1H ,13X 'ODER: ZAHL NICHT IM EINGABEFELD'/)
12320           KFEHL=1
12325           GOTO 100
12330           END
```

```fortran
20000 C     *****************************************************
20005 C     *****************************************************
20010 C     ***        UNTERPROGRAMM GESAMT          *******
20015 C     *****************************************************
20020 C     *****************************************************
20025 C     DAS UNTERPROGRAMM GESAMT ERSTELLT DIE RECHTE
20030 C     HAELFTE DES BANDES DER GS-MATRIX
20035 C***********************************************************************
20040 C*     NZEI  : ZEILE DER GS-MATRIX, DIE BEARBEITET WIRD       *
20045 C*     I1    : ELEMENTNUMMER                                  *
20050 C*     I2    : REFERENZNUMMER DES ELEMENTES                   *
20055 C*     I3    : ANZAHL DER KNOTEN DES ELEMENTES                *
20060 C*     NSPA  : SPALTE DER GS-MATRIX, DIE BEARBEITET WIRD      *
20065 C*     VERWENDETE FELDER                                      *
20070 C*     A     : FELD FUER EINE ZEILE DES BANDES DER GS-MATRIX  *
20075 C*     ELST  : FELD FUER DIE ES-MATRIX                        *
20080 C*     I4    : ENTHAELT DIE AN EINEM ELEMENT BETEILIGTEN      *
20085 C*             KNOTENNUMMERN                                  *
20090 C*     X     : KOORDINATEN DER KNOTEN EINES ELEMENTS          *
20095 C***********************************************************************
20100       SUBROUTINE  GESAMT
20105 C
20110       INTEGER        FREI,ANZA
20115       DIMENSION      X(3,3),I4(3)
20120 C
20125       COMMON   /FELD/   A(84),D(3570),V(1000),XKN(1000)
20130       COMMON   /REFF/   REF(10,7)
20135       COMMON   /ES/     ELST (12,12)
20140       COMMON   /PAR/    KOANZ,FREI,ANZA,ETYP(3),MBAND,LELE,
20145      *                  NAME(6),LREF,LRAN,KGRNR,LGS,LAD,LAV,LAX
20150 C
20155       DEFINE FILE 70(LGS,MBAND,W,NZEILE)
20160 C
20165 C         DATEI '52' AUF DEN ANFANG SETZEN
20170 C
20175       REWIND 52
20180 C
20185       DO 8000  LL=1,LELE
20190 C
20195 C         EINLESEN EINER ZEILE AUS ELEM
20200 C
20205       READ (52)  I1,I2,I3,(I4(M),M=1,I3)
20210 C
20215 C         SUCHEN DER KNOTENKOORDINATEN IM FELD XKN
20220 C
20225       DO 2000  M=1,I3
20230       NA = (I4(M)-1)*KOANZ
20235       IF(I4(M).GT.KGRNR) GOTO 9000
20240       DO 2000 J = 1,KOANZ
20245       X(M,J) = XKN(NA+J)
20250  2000 CONTINUE
20255 C
20260 C         AUFRUF EINES UP'S ZUM ERSTELLEN DER
20265 C         ES-MATRIX JE NACH ELEMENTTYP
20270 C
20275  3100  IF(REF(I2,1).EQ.4.)
20280      *  CALL STAB (X,REF(I2,2),REF(I2,3),&3200)
20285       IF(REF(I2,1).EQ.1.)
```

```
20290          *   CALL DREI (X,REF(I2,2),REF(I2,3),REF(I2,4),&3200)
20295              IF(REF(I2,1).EQ.9..AND.FREI.EQ.3)
20300          *   CALL BALK2(X,REF(I2,2),REF(I2,3),REF(I2,4),&3200)
20305              IF(REF(I2,1).EQ.9..AND.FREI.EQ.6)
20310          *   CALL BALK3(X,REF(I2,2),REF(I2,3),REF(I2,4)
20315          *    ,REF(I2,5),REF(I2,6),REF(I2,7),&3200)
20320              CALL ESNEU(REF(I2,1))
20325 3200   N = 0
20330        DO 8000   II=1,I3
20335        DO 8000   I=1,FREI
20340        N = N + 1
20345 C
20350 C          ZEILENNUMMER DER GS-MATRIX, AUF DIE EINE
20355 C          ZEILE DER ES-MATRIX AUFADDIERT WIRD
20360 C
20365        NZEI = (I4(II) - 1)*FREI + I
20370 C
20375 C            LESEN DER ZEILE DER GS-MATRIX AUS DER DATEI '70'
20380 C
20385        READ (70'NZEI,ERR=4500)            (A(L),L = 1,MBAND)
20390        GOTO 5000
20395 C
20400 C          A WIRD AUF 0 INITIALISIERT,WENN DIE EINZULESENDE
20405 C          ZEILE AUF DATEI '70' NOCH NICHT VORHANDEN WAR
20410 C
20415 4500   DO 4600  L = 1,MBAND
20420        A(L) = 0.
20425 4600   CONTINUE
20430 C
20435 C          ERMITTELN DER SPALTE UND PRUEFEN, OB DAS
20440 C          ELEMENT DER ES-MATRIX IM BAND LIEGT, ANDERNFALLS
20445 C          SPRUNG ZUR ERMITTLUNG DER NAECHSTEN SPALTE
20450 5000   M = 0
20455        DO 6000  JJ = 1,I3
20460        DO 6000   J = 1,FREI
20465        M = M + 1
20470        NSPA = (I4(JJ)-1)*FREI+J
20475        IF (NSPA.LT.NZEI) GOTO 6000
20480 C
20485 C          ERMITTLUNG DES INDEX L DER A-ZEILE
20490 C
20495        L = NSPA - NZEI + 1
20500        IF (M .GT. N) GOTO 5500
20505        A(L) = A(L) + ELST(M,N)
20510        GOTO 6000
20515 5500   A(L) = A(L) +  ELST(N,M)
20520 6000   CONTINUE
20525 C
20530 C          ZURUECKSCHREIBEN DER ZEILE IN DIE DATEI '70'
20535 C
20540        WRITE (70'NZEI)  (A(K),K=1,MBAND)
20545 8000   CONTINUE
20550        RETURN
20555 9000   WRITE (6,1) I4(M)
20560 1      FORMAT(1H ,'ENDE DES FELDES XKN GEFUNDEN '/
20565      *             'MOEGLICHER FEHLER: KNOTEN ',I5,' FEHLT')
20570        STOP
20575        END
```

```
25000 C     ****************************
25005 C     ****************************
25010 C     *** UNTERPROGRAMM ESNEU ***
25015 C     ****************************
25020 C     ****************************
25025       SUBROUTINE ESNEU(TYP)
25030       WRITE(6,1) TYP
25035 1     FORMAT(1H0,'ELEMENTTYP ',F5.2,' NOCH NICHT VORHANDEN')
25040 C
25045 C         FUEGEN SIE HIER IHREN ELEMENTTYP EIN
25050 C
25055       STOP
25060       END
```

```
30000 C     ******************************
30005 C     ******************************
30010 C     ***    UNTERPROGRAMM STAB   ******
30015 C     ******************************
30020 C     ******************************
30025 C     DAS UNTERPROGRAMM STAB ERSTELLT DIE
30030 C     ES-MATRIX FUER DAS STRUKTURELEMENT STAB
30035 C**************************************************************
30040 C*    DX     : DIFFERENZ DER X-KOORDINATEN              *
30045 C*    DY     : DIFFERENZ DER Y-KOORDINATEN              *
30050 C*    DZ     : DIFFERENZ DER Z-KOORDINATEN              *
30055 C*    G      : E*AR/STL                                 *
30060 C*    E      : ELASTIZITAETSMODUL DES STABMATERIALS     *
30065 C*    AR     : QUERSCHNITTSFLAECHE DES STABES           *
30070 C*    STL    : LAENGE DES STABES                        *
30075 C*    CALPHA: RICHTUNGSCOSINUS DES STABES               *
30080 C*            AUF DIE X-ACHSE                           *
30085 C*    CBETA : RICHTUNGSCOSINUS DES STABES               *
30090 C*            AUF DIE Y-ACHSE                           *
30095 C*    CGAMMA: RICHTUNGSCOSINUS DES STABES               *
30100 C*            AUF DIE Z-ACHSE                           *
30105 C*                                                      *
30110 C*    VERWENDETE FELDER                                 *
30115 C*                                                      *
30120 C*    X      : KNOTENKOORDINATEN DES STABES,            *
30125 C*    ELST   : ES-MATRIX                                *
30130 C**************************************************************
30135       SUBROUTINE   STAB (X,E,AR,*)
30140       INTEGER      FREI,ANZA
30145       DIMENSION    X(3,3)
30150 C
30155       COMMON  /ES/    ELST(12,12)
30160      *        /PAR/   KOANZ,FREI,ANZA,ETYP(3),MBAND,LELE,
30165      *                NAME(6),LREF,LRAN,KGRNR,LGS,LAD,LAV,LAX
30170 C
30175       DZ = 0.
30180       CGAMMA = 0.
30185       DX = X(2,1) - X(1,1)
30190       DY = X(2,2) - X(1,2)
30195       IF (FREI.EQ.3) DZ = X(2,3) - X(1,3)
30200 C
30205 C          BESTIMMUNG DER STABLAENGE
30210 C
30215       STL = (DX**2 + DY**2 + DZ**2)**0.5
30220 C
30225 C          BESTIMMUNG DER RICHTUNGSCOSINUS
30230 C
30235       CALPHA = DX/STL
30240       CBETA = DY/STL
30245       IF (FREI.EQ.3) CGAMMA = DZ/STL
30250 C
30255 C          BERECHNUNG DES SKALARS G
30260 C
30265       G = AR*E/STL
```

```
30270 C
30275 C          BERECHNUNG DER RECHTEN TEILMATRIX,
30280 C          ELEMENTE FUER DIE 2D- UND 3D-MATRIX
30285 C
30290          ELST(1,1) = G*CALPHA**2
30295          ELST(1,2) = G*CALPHA*CBETA
30300          ELST(2,2) = G*CBETA**2
30305 C
30310 C
30315 C          ELEMENTE FUER DIE 3D-MATRIX
30320 C
30325          IF ( FREI.EQ. 2) GOTO 100
30330          ELST(1,3) = G*CALPHA*CGAMMA
30335          ELST(1,4) = -ELST(1,1)
30340          ELST(1,5) = -ELST(1,2)
30345          ELST(1,6) = -ELST(1,3)
30350 C
30355          ELST(2,3) = G*CBETA*CGAMMA
30360          ELST(2,4) = -ELST(1,2)
30365          ELST(2,5) = -ELST(2,2)
30370          ELST(2,6) = -ELST(2,3)
30375 C
30380          ELST(3,3) = G*CGAMMA**2
30385          ELST(3,4) = -ELST(1,3)
30390          ELST(3,5) = -ELST(2,3)
30395          ELST(3,6) = -ELST(3,3)
30400 C
30405          ELST(4,4) = ELST(1,1)
30410          ELST(4,5) = ELST(1,2)
30415          ELST(4,6) = ELST(1,3)
30420 C
30425          ELST(5,5) = ELST(2,2)
30430          ELST(5,6) = ELST(2,3)
30435 C
30440          ELST(6,6) = ELST(3,3)
30445 C
30450          RETURN 1
30455 C
30460 C          ELEMENTE FUER DIE 2D-MATRIX
30465 C
30470 100      ELST(1,3) = -ELST(1,1)
30475          ELST(1,4) = -ELST(1,2)
30480 C
30485          ELST(2,3) = -ELST(1,2)
30490          ELST(2,4) = -ELST(2,2)
30495 C
30500          ELST(3,3) =  ELST(1,1)
30505          ELST(3,4) =  ELST(1,2)
30510 C
30515          ELST(4,4) =  ELST(2,2)
30520          RETURN 1
30525          END
```

```
32000 C      ********************************************
32005 C      ********************************************
32010 C      ***    UNTERPROGRAMM DREI  ********
32015 C      ********************************************
32020 C      ********************************************
32025 C      DAS UNTERPROGRAMM DREIECK ERSTELLT DIE
32030 C      ES-MATRIX FUER DAS STRUKTURELEMENT DREIECK
32035 C      ****************************************************************
32040 C      *    VERWENDETE VARIABLEN                                    *
32045 C      *                                                           *
32050 C      *   E      : ELASTIZITAETSMODUL                             *
32055 C      *   Q      : QUERKONTRAKTION                                *
32060 C      *   DI     : DICKE DES DREIECKELEMENTES                     *
32065 C      *   AR     : FLAECHENINHALT DES DREIECKELEMENTES *
32070 C      *   DA-DJ  : KOORDINATENDIFFERENZEN                         *
32075 C      *                                                           *
32080 C      *   VERWENDETE FELDER                                       *
32085 C      *                                                           *
32090 C      *   X       :KNOTENKOORDINATEN                              *
32095 C      *  .ELST    :ES-MATRIX                                      *
32100 C      ****************************************************************
32105        SUBROUTINE DREI (X,DI,E,Q,*)
32110        INTEGER   FREI,ANZA
32115        DIMENSION  X(3,3)
32120        COMMON   /ES/   ELST(12,12)
32125        *         /PAR/ KOANZ,FREI,ANZA,ETYP(3),MBAND,LELE,
32130        *               NAME(6),LREF,LRAN,KGRNR,LGS,LAO,LAV,LAX
32135 C
32140        F = (1.-Q)/2.
32145 C
32150        DA = X(3,2)-X(2,2)
32155        DB = X(3,1)-X(2,1)
32160        DC = X(1,2)-X(3,2)
32165        DD = X(1,1)-X(3,1)
32170        DE = X(2,2)-X(1,2)
32175        DF = X(2,1)-X(1,1)
32180        DG = F*DB
32185        DH = F*DA
32190        DJ = F*DC
32195 C
32200 C         BESTIMMUNG DES FLAECHENINHALTES
32205 C
32210        AR = 0.5*ABS(DF*DA-DB*DE)
32215 C
32220 C         BESTIMMUNG DES SKALARS G
32225 C
32230        G = (E*DI)/(4.*AR*(1.-Q**2))
```

```
32235 C
32240 C        BERECHNUNG DER RECHTEN TEILMATRIX
32245 C
32250      ELST(1,1) = (DA**2+DG*DB)*G
32255      ELST(1,2) = -DB*DA*(Q+F)*G
32260      ELST(1,3) = (DC*DA+DD*DG)*G
32265      ELST(1,4) = (-Q*DD*DA-DC*DG)*G
32270      ELST(1,5) = (DA*DE+DG*DF)*G
32275      ELST(1,6) = (-Q*DF*DA-DE*DG)*G
32280      ELST(2,2) = (DB**2+DH*DA)*G
32285      ELST(2,3) = (-Q*DC*DB-DD*DH)*G
32290      ELST(2,4) = (DB*DD+DH*DC)*G
32295      ELST(2,5) = (-Q*DE*DB-DF*DH)*G
32300      ELST(2,6) = (DB*DF+DH*DE)*G
32305      ELST(3,3) = (DC**2+F*DD**2)*G
32310      ELST(3,4) = -DD*DC*(Q+F)*G
32315      ELST(3,5) = (DE*DC+DF*DD*F)*G
32320      ELST(3,6) = (-Q*DF*DC-F*DE*DD)*G
32325      ELST(4,4) = (DD**2+DJ*DC)*G
32330      ELST(4,5) = (-Q*DE*DD-DJ*DF)*G
32335      ELST(4,6) = (DF*DD+DJ*DE)*G
32340      ELST(5,5) = (DE**2+F*DF**2)*G
32345      ELST(5,6) = -DE*DF*(Q+F)*G
32350      ELST(6,6) = (DF**2+F*DE**2)*G
32355      RETURN 1
32360      END
```

```
35000 C       ****************************************
35005 C       ****************************************
35010 C       ***   UNTERPROGRAMM  BALK2   ****
35015 C       ****************************************
35020 C       ****************************************
35025 C       DAS UNTERPROGRAMM BALK2 ERSTELLT DIE ES - MATRIX
35030 C       FUER DAS STRUKTURELEMENT  EBENER BALKEN
35035 C       *******************************************************
35040 C       *       VERWENDETE VARIABLEN:                          *
35045 C       *                                                      *
35050 C       *       E       : ELASTIZITAETSMODUL                   *
35055 C       *       AR      : QUERSCHNITTSFLAECHE                  *
35060 C       *       TRZ     : FLAECHENTRAEGHEITSMOMENT BEZUEGLICH  *
35065 C       *                     DER LOKALEN Z-ACHSE              *
35070 C       *       XL;YL   : KOORDINATENDIFFERENZEN               *
35075 C       *       CA;SA   : RICHTUNGSCOSINUS ZU DEN GLOBALEN ACHSEN *
35080 C       *                                                      *
35085 C       *       VERWENDETE FELDER:                             *
35090 C       *                                                      *
35095 C       *       X       : KNOTENKOORDINATEN                    *
35100 C       *       ELST    : ES-MATRIX                            *
35105 C       *******************************************************
35110         SUBROUTINE BALK2 ( X, E , AR , TRZ , * )
35115         INTEGER           FREI, ANZA
35120         DIMENSION         X (3,3)
35125 C
35130         COMMON  /ES / ELST (12,12)
35135       *        /PAR/ KOANZ,FREI,ANZA,ETYP(3),MBAND,LELE,
35140       *              NAME(6),LREF,LRAN,KGRNR,LGS,LAD,LAV,LAX
35145 C
35150         XL =   X(2,1)- X(1,1)
35155         YL =   X(2,2)- X(1,2)
35160 C
35165 C           LAENGE DES BALKENS
35170 C
35175         STL  = ( XL**2 + YL**2 )**0.5
35180 C
35185 C           BESTIMMUNG DER RICHTUNGSCOSINUS
35190 C
35195 60      CA = XL / STL
35200         SA = YL / STL
35205 C
35210 80      FO = E * TRZ / STL**3
35215 C
35220 C           KONSTANTEN INNERHALB DER LOKALEN ES-MATRIX
35225 C
35230         A11 = FO * AR * STL**2 / TRZ
35235         A22 = FO * 12
35240         A23 = FO * 6*STL
35245         A33 = FO * 4*STL**2
```

```
35250 C
35255 C          BESTIMMUNG DER ELEMENTE
35260 C
35265          ELST (1,1) =   (A11*CA**2+A22*SA**2)
35270          ELST (1,4) = -ELST (1,1)
35275          ELST (4,4) =   ELST (1,1)
35280          ELST (1,2) =   CA*SA*( A11-A22 )
35285          ELST (1,5) = -ELST (1,2)
35290          ELST (2,4) =   ELST (1,5)
35295          ELST (4,5) =   ELST (1,2)
35300          ELST (1,3) = -A23*SA
35305          ELST (1,6) =   ELST (1,3)
35310          ELST (3,4) = -ELST (1,3)
35315          ELST (4,6) =   ELST (3,4)
35320          ELST (2,2) =   A11*SA**2 + A22*CA**2
35325          ELST (5,5) =   ELST (2,2)
35330          ELST (2,5) = -ELST (2,2)
35335          ELST (2,3) =   A23*CA
35340          ELST (3,5) = -ELST (2,3)
35345          ELST (5,6) =   ELST (3,5)
35350          ELST (2,6) =   ELST (2,3)
35355          ELST (3,3) =   A33
35360          ELST (6,6) =   A33
35365          ELST (3,6) =   A33/2.
35370 C
35375          RETURN 1
35380          END
```

```
36000 C     **********************************
36005 C     **********************************
36010 C     ***    UNTERPROGRAMM BALK3    ***
36015 C     **********************************
36020 C     **********************************
36025 C     DAS UNTERPROGRAMM BALK 3  ERSTELLT DIE
36030 C     ES - MATRIX FUER DAS STRUKTURELEMENT
36035 C     RAEUMLICHER BALKEN
36040 C***************************************************************
36045 C*                                                            *
36050 C*      VERWENDETE VARIABLEN                                  *
36055 C*                                                            *
36060 C*      E        : ELASTIZITAETSMODUL                         *
36065 C*      AR       : QUERSCHNITTSFLAECHE                        *
36070 C*      Q        : QUERKONTRAKTION                            *
36075 C*      TRZ;TRY: FLAECHENTRAEGHEITSMOMENTE BEZUEGLICH         *
36080 C*                 DER LOKALEN ACHSEN                         *
36085 C*      TRTO     : TORSIONSTRAEGHEITSMOMENT                   *
36090 C*      BL       : LAENGE DES ELEMENTES                       *
36095 C*      XL-ZL    : KOORDINATENDIFFERENZEN                     *
36100 C*                                                            *
36105 C*      VERWENDETE FELDER                                     *
36110 C*                                                            *
36115 C*      X        : KNOTENKOORDINATEN                          *
36120 C*      D        : TRANSFORMATIONSMATRIX D3                   *
36125 C*      DL       : TEILE DER LOKALEN ES-MATRIX               *
36130 C*      ELST     : ES-MATRIX                                  *
36135 C***************************************************************
36140       SUBROUTINE   BALK3   (X,E,AR,Q,TRZ,TRY,TRTO,*)
36145       INTEGER               FREI, ANZA
36150       DIMENSION             X(3,3),D(3,3),DL(3)
36155 C
36160       COMMON  /ES/    ELST (12,12)
36165      *         /PAR/    KOANZ,FREI,ANZA,ETYP(3),MBAND,LELE,
36170      *                   NAME(6),LREF,LRAN,KGRNR,LGS,LAD,LAV,LAX
36175 C
36180 C         KOORDINATENDIFFERENZEN
36185 C
36190       XL = X(2,1)-X(1,1)
36195       YL = X(2,2)-X(1,2)
36200       ZL = X(2,3)-X(1,3)
36205 C
36210 C         BALKENLAENGE
36215 C
36220       BL = (XL**2+YL**2+ZL**2)**0.5
36225 C
36230       D(1,1) = XL/BL
36235       D(1,2) = YL/BL
36240       D(1,3) = ZL/BL
36245 C
36250       BLS = (D(1,1)**2+D(1,2)**2)**0.5
36255 C
36260 C         SONDERFALL BALKEN IN Z-RICHTUNG
36265 C
36270       IF (BLS.NE.0.) GOTO 10
36275       D(2,1) = 0.
36280       D(2,2) = 1.
36285       GOTO 20
36290 10    D(2,1) =-D(1,2)/BLS
```

```
36295          D(2,2) = D(1,1)/BLS
36300 20       D(2,3) = 0.
36305          D(3,1) = D(1,2)*D(2,3)-D(1,3)*D(2,2)
36310          D(3,2) = D(1,3)*D(2,1)-D(2,3)*D(1,1)
36315          D(3,3) = D(1,1)*D(2,2)-D(1,2)*D(2,1)
36320 C
36325 C          ES-MATRIX AUF 0 SETZEN
36330 C
36335          DO   30   J= 1,12
36340          DO   30   K= 1,12
36345 30       ELST(J,K)      =0.
36350 C
36355 C          BERECHNUNG DER (3,3)-UNTERMATRIZEN
36360 C          DER GLOBALEN ES-MATRIX
36365 C
36370          EL=E/BL**2
36375          DL(1)=E*AR/BL
36380          DL(2)=12.*EL*TRZ/BL
36385          DL(3)=12.*EL*TRY/BL
36390 C
36395          DO   40   K=1,3
36400          DO   40   L=1,3
36405          DO   39   M=1,3
36410 39       ELST(K,L)   = ELST(K,L)+D(M,K)*D(M,L)*DL(M)
36415          ELST(K+6,L+6) = ELST(K,L)
36420 40       ELST(K,L+6)   =-ELST(K,L)
36425 C
36430          GL=E/(2*(1+Q))
36435          DL(1)=GL*TRTO/BL
36440          DL(2)=4.*EL*TRY*BL
36445          DL(3)=4.*EL*TRZ*BL
36450 C
36455          DO   50   K=4,6
36460          DO   50   L=4,6
36465          DO   49   M=1,3
36470 49       ELST(K,L)   = ELST(K,L)+D(M,K-3)*D(M,L-3)*DL(M)
36475 50       ELST(K+6,L+6) = ELST(K,L)
36480 C
36485          DL(1)=-DL(1)
36490          DL(2)= DL(2)/2.
36495          DL(3)= DL(3)/2.
36500 C
36505          DO   60   K=4,6
36510          DO   60   L=10,12
36515          DO   60   M=1,3
36520 60       ELST(K,L) = ELST(K,L)+D(M,K-3)*D(M,L-9)*DL(M)
36525 C
36530          DL(2)=-6.*EL*TRY
36535          DL(3)= 6.*EL*TRZ
36540 C
36545          DO   70   K=1,3
36550          DO   70   L=4,6
36555          ELST(K,L) = ELST(K,L)+D(3,K)*D(2,L-3)*DL(2)
36560      *                      +D(2,K)*D(3,L-3)*DL(3)
36565          ELST(K,L+6)   = ELST(K,L)
36570          ELST(L,K+6)   =-ELST(K,L)
36575 70       ELST(K+6,L+6) =-ELST(K,L)
36580 C
36585          RETURN 1
36590          END
```

```fortran
40000 C     ******************************
40005 C     ******************************
40010 C     ***   UNTERPROGRAMM RAND   ****
40015 C     ******************************
40020 C     ******************************
40025 C     DAS UP RAND SETZT DIE RANDBEDINGUNGEN IN DIE GS-
40030 C     MATRIX EIN UND RETTET BEI AULA = 'J' DIE UR-
40035 C     SPRUENGLICHE ZEILE DES VOLLSTAENDIGEN BANDES DER
40040 C     GS-MATRIX IN DIE DATEI '80' ZWECKS SPAETERER BE-
40045 C     RECHNUNG DER AUFLAGERREAKTIONEN
40050 C******************************************************************
40055 C*      MDA    : LAENGE EINER ZEILE DES VOLLSTAENDIGEN      *
40060 C*               BANDES DER GS-MATRIX                       *
40065 C*      NZEI   : SATZNR. FUER DIE DATEIEN '70' UND '80'     *
40070 C*                                                         *
40075 C*      VERWENDETE FELDER                                   *
40080 C*                                                         *
40085 C*      RB     : FELD, IN DEM JEWEILS EINE ZEILE DES        *
40090 C*               VOLLSTAENDIGEN BANDES ERZEUGT WIRD, DIE   *
40095 C*               ZU EINER RANDBEDINGUNG GEHOERT             *
40100 C******************************************************************
40105       SUBROUTINE  RAND (AULA)
40110       INTEGER        FREI,ANZA,AULA
40115 C
40120       COMMON /RAND/   KNRA(50),NARA(50,6),RV(50,6)
40125      *       /FELD/    A(84),D(3570),RB(1000),XKN(1000)
40130      *       /PAR/     KOANZ,FREI,ANZA,ETYP(3),MBAND,LELE,
40135      *                 NAME(6),LREF,LRAN,KGRNR,LGS,LAD,LAV,LAX
40140 C
40145       DATA        NEIN    /'N'/
40150 C
40155 C        LAENGE EINER ABZUSPEICHERNDEN
40160 C        ZEILE DER GS-MATRIX
40165 C
40170       L80 = LRAN*FREI
40175       MDA=MBAND*2-1
40180 C
40185       DEFINE FILE  80(L80,MDA,W,NZEILE)
40190 C
40195       DO 999     I=1,LRAN
40200       DO 999     J=1,FREI
40205       DO 999     K=1,FREI
40210 C
40215 C        SUCHEN EINER RANDBEDINGUNG UND AUS DEREN NAMEN
40220 C        DAS DIAGONALELEMENT DER GS-MATRIX, DEREN SPALTE
40225 C        UND ZEILE IN DIE DATEI '80' GERETTET WERDEN
40230 C
40235       IF (NARA(I,J).NE.NAME(K))  GOTO 999
40240       NZEI=(KNRA(I)-1)*FREI+K
40245       IF (AULA.EQ.NEIN) GOTO 333
```

```
40250 C
40255 C              AULA = 'J'
40260 C
40265        NZEI = NZEI - MBAND
40270        N = 0
40275        DO 111 L = 1,MBAND
40280        NZEI = NZEI + 1
40285        IF (NZEI.LE.0) GOTO 111
40290        READ(70'NZEI,ERR =1000) (A(M), M=1,MBAND)
40295        N = N + 1
40300        RB(N) = A(MBAND - L + 1)
40305 111    CONTINUE
40310        DO 222 M = 2,MBAND
40315        N = N + 1
40320 222    RB(N) = A(M)
40325        WRITE(80'NZEI) (RB(M), M=1,MDA)
40330        GOTO 444
40335 C
40340 C              AULA = 'N'
40345 C
40350 333    READ(70'NZEI,ERR =1000) (A(M), M=1,MBAND)
40355 C
40360 444    A(1) = 1E30
40365        WRITE(70'NZEI) (A(M), M=1,MBAND)
40370 C
40375 999    CONTINUE
40380        RETURN
40385 C
40390 1000   WRITE(6,1) KNRA(I)
40395 1      FORMAT(1H0,'MOEGLICHER FEHLER: KNOTENNUMMER',I5,
40400        *           ' FUER RANDBEDINGUNG FALSCH')
40405        STOP
40410 C
40415        END
```

```
50000 C    ***********************************
50005 C    ***********************************
50010 C    ***    UNTERPROGRAMM CHOLBA    ***
50015 C    ***********************************
50020 C    ***********************************
50025 C    CHOLBA ERSTELLT MIT DEM CHOLESKY-
50030 C    VERFAHREN DIE RECHTSDREIECKSMATRIX R
50035 C
50040        SUBROUTINE  CHOLBA
50045        INTEGER  FREI,ANZA
50050 C
50055        COMMON /FELD/   A(84),D(3570),V(1000),XKN(1000)
50060       *        /PAR/    KOANZ,FREI,ANZA,ETYP(3),MBAND,LELE,
50065       *                 NAME(6),LREF,LRAN,KGRNR,LGS,LAD,LAV,LAX
50070 C
50075        ND = MBAND - 1
50080        LD = MBAND*(MBAND + 1)/2
50085        L = LD - ND
50090 C
50095        DO 500 I = 1,LD
50100 500    D(I) = 0.
50105 C
50110        NF = LGS + 1
50115 C
50120 C       DURCHGANG DURCH ALLE ZEILEN DES BANDES
50125 C
50130        DO 900 NZ = 1,NF
50135 C
50140 C       AKTUALISIEREN DES "DREIECKS" MIT DEM UP DORG
50145 C
50150        CALL DORG (NZ,L,LD,ND,1)
50155        IF (NZ.EQ.NF)  RETURN
50160 C
50165 C         BERECHNEN DER ELEMENTE EINER ZEILE VON R
50170 C
50175        DO 900 J = 1,MBAND
50180        M = L + J - 1
50185        IF(J.EQ.MBAND) GOTO 870
50190        DO 850 K = J,ND
50195        NS = K*(K - 1)/2 + 1
50200 850    D(M) = D(M) - D(NS)*D(NS + J - 1)
50205 C
50210 C        DIAGONALELEMENT BERECHNEN BEI J = 1
50215 C
50220        IF(J.NE.1) GOTO 870
50225 C
50230 C        FEHLER, FALLS DIAGONALELEMENT KLEINER 0
50235 C
50240        IF(D(L).LE.0.) GOTO 4444
50245 4443   D(L) = D(L)**0.5
50250        GOTO 900
50255 C
50260 870    D(M) = D(M)/D(L)
50265 C
50270 900    CONTINUE
```

```
50275 C
50280 4444  WRITE(6,1)  NZ
50285 1     FORMAT(1H0,'GLEICH.-SYSTEM MIT CHOLESKY NICHT LOESBAR, ',
50290     *          1H ,'DA IN DER ZEILE ',I5,' DAS DIAGONAL-',
50295     *          1H ,'FLEMENT DER RECHTSMATRIX R NEGATIV IST')
50300       STOP
50305       END
```

```
60000 C     ****************************
60005 C     ****************************
60010 C     ***   UNTERPROGRAMM DORG   ****
60015 C     ****************************
60020 C     ****************************
60025 C DAS UP DORG SCHIEBT INNERHALB DES "DREIECKS"
60030 C DIE ZEILEN HOCH UND EINE STELLE NACH LINKS
60035 C
60040       SUBROUTINE DORG (NZ,N1,N2,ND,LW)
60045       INTEGER     FREI,ANZA
60050       COMMON /FELD/   A(84),D(3570),V(1000),XKN(1000)
60055      *        /PAR/   KOANZ,FREI,ANZA,ETYP(3),MBAND,LELE,
60060      *                NAME(6),LREF,LRAN,KGRNR,LGS,LAD,LAV,LAX
60065 C
60070 C     DER PARAMETER LW WIRD BEIM AUFRUF VON CHOLBA AUF
60075 C     1, BEIM AUFRUF VON VORRUE AUF 0 GESETZT
60080 C
60085 C       EINLESEN DER 1. ZEILE AUS '70', WENN NZ=1
60090 C
60095       IF (NZ.EQ.1) GOTO 444
60100 C
60105 C       HOCHSCHIEBEN DER ZEILEN INNERHALB VON D
60110 C
60115       DO 333 J = 1,ND
60120       DO 333 I = 1,J
60125       K = J*(J-1)/2 + I
60130       D(K) = D(K+J+1)
60135 333   CONTINUE
60140 C
60145 C       SICHERN DER IM UP CHOLBA ERSTELLTEN ZEILE
60150 C       DER RECHTSMATRIX ZURUECK IN DIE DATEI '70'
60155 C
60160       IF (LW.EQ.1) WRITE(70'NZ-1) (D(I), I = N1,N2)
60165       IF(NZ.EQ.LGS+1) RETURN
60170 444   READ(70'NZ) (D(I) ,I = N1,N2)
60175       RETURN
60180       END
```

```
70000 C     ************************************
70005 C     ************************************
70010 C     ***    UNTERPROGRAMM BELA     ******
70015 C     ************************************
70020 C     ************************************
70025 C  DAS UNTERPROGRAMM BELA BAUT DEN BELASTUNGSVEKTOR
70030 C  DER GESAMTSTEIFIGKEITSBEZIEHUNG AUF
70035 C*********************************************************
70040 C*      LF    : BELASTUNGSFALL.                         *
70045 C*      NSOLL : WIRD AUF 1 GESETZT, WENN                *
70050 C*              SOLLSCHIEBUNGEN UNGLEICH 0 AUFTRETEN.   *
70055 C*      NZEI  : ZEILENNUMMER DER RECHTSMATRIX           *
70060 C*      BEL   : BELASTUNGSVEKTOR                        *
70065 C*********************************************************
70070        SUBROUTINE   BELA  (LF,NBE,NSOLL)
70075        INTEGER        FREI,ANZA
70080 C
70085        COMMON /FELD/   A(84),D(3570),BEL(1000),XKN(1000)
70090       *        /BELA/   KNBE(70),NULA(70),BELAST(70,6)
70095       *        /RAND/   KNRA(50),NARA(50,6),RV(50,6)
70100       *        /PAR/    KOANZ,FREI,ANZA,ETYP(3),MBAND,LELE,
70105       *                 NAME(6),LREF,LRAN,KGRNR,LGS,LAD,LAV,LAX
70110 C
70115 C        FELD BEL IM BENOETIGTEN BEREICH AUF 0 SETZEN
70120 C
70125        N=0
70130        DO 100   K=1,LGS
70135        BEL(K)=0.
70140  100   CONTINUE
70145 C
70150  500   N=N+1
70155        DO 1000 J=N,NBF
70160 C
70165 C        SUCHEN DER BELASTUNGEN ZUM BELASTUNGSFALL LF
70170 C
70175        IF (NULA(J).EQ.LF)   GOTO 2000
70180 1000   CONTINUE
70185 C
70190        RETURN
70195 C
70200 2000   N=J
70205        DO 3000   I=1,FREI
70210 C
70215 C        ERMITTELN DER ZEILEN DER MATRIX R, DIE ZU DEM
70220 C        LASTKNOTEN GEHOERT
70225 C
70230        NZEI=(KNBE(J)-1)*FREI+I
70235 C
70240 C        EINTRAGEN DER BELASTUNG IN DIE ENTSPRECHENDE
70245 C        KOMPONENTE DES VEKTORS BEL
70250 C
70255        BEL(NZEI) = BEL(NZEI) + BELAST(J,I)
70260 3000   CONTINUE
```

```
70265 C
70270 C          FESTSTELLEN, OB BEI DEN RANDBEDINGUNGEN
70275 C          WERTE UNGLEICH 0 ANGEGEBEN WURDEN
70280 C
70285       IF (NSOLL.EQ.0)  GOTO 500
70290       DO 4000   II=1,LRAN
70295       DO 4000   JJ=1,FREI
70300       DO 4000   K=1,FREI
70305       IF (NARA(II,JJ).NE.NAME(K))   GOTO 4000
70310 C
70315 C     AUFADDIEREN DES WERTES 'SOLLVERSCHIEBUNG*1E30'
70320 C     IN DIE ENTSPRECHENDE KOMPONENTE DES VEKTORS BEL
70325 C
70330       NZEI=(KNRA(II)-1)*FREI+K
70335       BEL(NZEI)=BEL(NZEI)+RV(II,JJ)*1E30
70340  4000 CONTINUE
70345 C
70350       GOTO 500
70355       END
```

```
75000 C     ********************************
75005 C     ********************************
75010 C     ***     UNTERPROGRAMM VORRUE ****
75015 C     ********************************
75020 C     ********************************
75025 C     DAS UNTERPROGRAMM VORRUE ERMITTELT DIE VERSCHIEBUNGEN
75030 C     DURCH VOR- UND RUECKWAERTSEINSETZEN IN DIE MATRIX R
75035 C********************************************************************
75040 C*        VERWENDETE VARIABLEN                                     *
75045 C*                                                                 *
75050 C*        NZ     : ZEILE AUS DER RECHTSMATRIX                      *
75055 C*                                                                 *
75060 C*        VERWENDETE FELDER                                        *
75065 C*                                                                 *
75070 C*        D      : "DREIECKSMATRIX", MIT DER BEIM VORWAERTS-       *
75075 C*                 EINSETZEN DIE ZWISCHENLOESUNG BERECHNET WIRD    *
75080 C*        V      : VERSCHIEBUNGSVEKTOR, ENTHAELT NACH VORWAERTS-   *
75085 C*                 EINSETZEN DIE ZWISCHENLOESUNG, NACH DEM         *
75090 C*                 RUECKWAERTSEINSETZEN DIE VERSCHIEBUNGEN         *
75095 C********************************************************************
75100         SUBROUTINE VORRUE (PLOT)
75105         INTEGER       FREI,ANZA,PLOT
75110         COMMON /FELD/  A(84),D(3570),V(1000),XKN(1000)
75115        *       /PAR/   KOANZ,FREI,ANZA,ETYP(3),MBAND,LELE,
75120        *               NAME(6),LREF,LRAN,KGRNR,LGS,LAD,LAV,LAX
75125 C
75130         DATA    NEIN /'N'/
75135 C
75140 C               ANFANGS- UND ENDADRESSE DER
75145 C               UNTERSTEN ZEILE DES "DREIECKS"
75150 C
75155         LD = MBAND*(MBAND + 1)/2
75160         ND= MBAND - 1
75165         L = LD - ND
75170 C               ********************************
75175 C               *** VORWAERTSEINSETZEN   ****
75180 C               ********************************
75185         DO 500 NZ = 1,LGS
75190 C
75195 C               AKTUALISIEREN DES "DREIECKS" UND
75200 C               LESEN EINER ZEILE AUS DER DATEI '70'
75205 C
75210         CALL DORG (NZ,L,LD,ND,0)
75215 C
75220 C               BERECHNEN DER NZ. KOMPONENTE
75225 C               DER ZWISCHENLOESUNG
75230 C
75235         DO 400 J = 1,ND
75240         NA = J*(J-1)/2 + 1
75245         NB = NZ - MBAND + J
75250         IF (NB.LE.0) GOTO 400
75255         V(NZ) = V(NZ) - D(NA)*V(NB)
75260 400     CONTINUE
75265         V(NZ) = V(NZ)/D(L)
75270 500     CONTINUE
```

```
75275 C
75280 C                      ****************************
75285 C                      *** RUECKWAERTSEINSETZEN ****
75290 C                      ****************************
75295 C
75300          DU 800 N = 1,LGS
75305 C
75310 C                      LESEN DER SAETZE AUS DER
75315 C                      DATEI '70' VON HINTEN
75320 C
75325          NZ = LGS - N + 1
75330          READ(70'NZ) (D(I) , I = L,LD)
75335 C
75340 C                      BERECHNEN DER NZ. KOMPONENTE
75345 C                      DES LOESUNGSVEKTORS
75350 C
75355          DO 600 J = 1,ND
75360          NA = L + J
75365          NB = NZ + J
75370          IF (NB.GT.LGS) GOTO 600
75375          V(NZ) = V(NZ) - D(NA)*V(NB)
75380 600      CONTINUE
75385          V(NZ) = V(NZ)/D(L)
75390 800      CONTINUE
75395 C
75400 C          KOORDINATENVERSCHIEBUNGEN IN DIE
75405 C          DATEI '99', FALLS PLOT = 'J'
75410 C
75415          IF (PLOT.EQ.NEIN)  RETURN
75420 C
75425          DO 900     I=1,KGRNR
75430          IA=(I-1)*FREI+1
75435          IE=IA+KOANZ-1
75440 900      WRITE (99,2) I,(V(J),  J=IA,IE)
75445 2        FORMAT (I5,3X,3(E12.4))
75450          RETURN
75455          END
```

```
80000 C    ************************************
80005 C    ************************************
80010 C    *** UNTERPROGRAMM AUSVER ****
80015 C    ************************************
80020 C    ************************************
80025 C    DAS UNTERPROGRAMM AUSVER
80030 C    DRUCKT DIE VERSCHIEBUNGEN
80035 C********************************************************
80040 C*   LF       : BELASTUNGSFALL.                  *
80045 C*   KGRNR    : GROESSTE KNOTENNUMMER.           *
80050 C*   VERS     : VERSCHIEBUNGSVEKTOR              *
80055 C********************************************************
80060        SUBROUTINE AUSVER (LF)
80065        INTEGER      FREI,ANZA
80070        COMMON /FELD/   A(84),D(3570),V(1000),XKN(1000)
80075       *        /PAR/    KOANZ,FREI,ANZA,ETYP(3),MBAND,LELE,
80080       *                 NAME(6),LREF,LRAN,KGRNR,LGS,LAD,LAV,LAX
80085 C
80090 C            DRUCKEN DES KOPFES
80095 C
80100        WRITE (6,1)
80105     1  FORMAT (1H0,25X,'VERSCHIEBUNGEN DER STRUKTUR'/
80110       *              1H ,25X,27('=')/
80115       *              1H0,2X,'KNOTEN',20X,
80120       *              'VERSCHIEBUNGEN')
80125        WRITE (6,2) (NAME(J),J=1,FREI)
80130     2  FORMAT (1H0,22X,6(A2,12X))
80135        DO 1000  I=1,KGRNR
80140        NA  = (I-1)*FREI+1
80145        NE  = NA +FREI-1
80150 C
80155 C            DRUCKEN DER VERSCHIEBUNGEN
80160 C
80165        WRITE (6,4) I,(V(N),N=NA,NE)
80170     4  FORMAT (1H ,3X,I5,8X,6(E12.5,2X))
80175 C
80180 1000  CONTINUE
80185        RETURN
80190        END
```

```
85000 C     ************************************
85005 C     ****************************
85010 C     ****   UNTERPROGRAMM AUSSPA ***
85015 C     ****************************
85020 C     ****************************
85025 C     DAS UNTERPROGRAMM AUSSPA DRUCKT DEN KOPF
85030 C     UND RUFT DIE UNTERPROGRAMME ZUR
85035 C     SPANNUNGSBERECHNUNG AUF
85040 C***************************************************
85045 C*   LF       : BELASTUNGSFALL.                   *
85050 C***************************************************
85055         SUBROUTINE  AUSSPA (LF)
85060 C
85065         INTEGER       FREI,ANZA
85070         DIMENSION  I4(3),X(3,3)
85075 C
85080         COMMON /FELD/   A(84),D(3570),V(1000),XKN(1000)
85085       *        /REFE/   REF(10,7)
85090       *        /PAR/    KOANZ,FREI,ANZA,ETYP(3),MBAND,LELE,
85095       *                 NAME(6),LREF,LRAN,KGRNR,LGS,LAD,LAV,LAX
85100 C
85105         REWIND 52
85110 C
85115 C          DRUCKEN DES KOPFES
85120 C
85125         WRITE (6,1)
85130     1   FORMAT (1H0,25X,'KRAEFTE,SPANNUNGEN UND MOMENTE'/,
85135       *              1H ,25X,30('=')/1H ,' ELEMENT    KNOTEN ')
85140         DO 1000  L =1,LELE
85145 C
85150 C          LESEN EINES ELEMENTS AUS DER DATEI '52'
85155         READ (52)  I1,I2,I3,(I4(M),M=1,I3)
85160 C
85165 C              SUCHEN DER KNOTENKOORDINATEN IM FELD XKN
85170 C
85175         DO 200   M=1,I3
85180         NA = (I4(M)-1)*KOANZ
85185         DO 200 J = 1,KOANZ
85190         X(M,J) = XKN(NA+J)
85195 200     CONTINUE
85200 C
85205 C       JE NACH ELEMENTTYP AUFRUF DES UP'S ZUR BERECHNUNG
85210 C       DER KRAEFTE UND SPANNUNGEN.
85215 C
85220 400     IF(REF(I2,1).EQ.4.)
85225       *  CALL SPA4(I1,I4,X,REF(I2,2),REF(I2,3),&1000)
85230 900     IF(REF(I2,1).EQ.1.)
85235       *  CALL SPA1(I1,I4,X,REF(I2,3),REF(I2,4),&1000)
85240 910     IF(REF(I2,1).EQ.9..AND.FREI.EQ.3)
85245       *  CALL SPA92(I1,I4,X,REF(I2,2),REF(I2,3),REF(I2,4),&1000)
85250 920     IF(REF(I2,1).EQ.9..AND.FREI.EQ.6)
85255       *  CALL SPA93(I1,I4,X,L,REF(I2,2),REF(I2,3),REF(I2,4),
85260       *              REF(I2,5),REF(I2,6),REF(I2,7),&1000)
85265         CALL SPANEU (REF(I2,1))
85270 C
85275 1000    CONTINUE
85280         RETURN
85285         END
```

```
90000 C    ***************************
90005 C    ***************************
90010 C    *** UNTERPROGRAMM SPA4 ***
90015 C    ***************************
90020 C    ***************************
90025 C    DAS UNTERPROGRAMM SPA4 ERMITTELT DIE KRAEFTE
90030 C    UND SPANNUNGEN IN STABELEMENTEN UND DRUCKT SIE
90035 C***********************************************************
90040 C*   E        : ELASTIZITAETSMODUL.                        *
90045 C*   AR       : QUERSCHNITT.                               *
90050 C*   DX       : DIFFERENZ DER X-KOORDINATEN                *
90055 C*   DY       : DIFFERENZ DER Y-KOORDINATEN.               *
90060 C*   DZ       : DIFFERENZ DER Z-KOORDINATEN.               *
90065 C*   STL      : LAENGE DES STABES.                         *
90070 C*   CALPHA   : RICHTUNGSCOSINUS GEGEN DIE X-ACHSE         *
90075 C*   CBETA    : RICHTUNGSCOSINUS GEGEN DIE Y-ACHSE         *
90080 C*   CGAMMA   : RICHTUNGSCOSINUS GEGEN DIE Z-ACHSE         *
90085 C*   N1       : ANFANGSKOMPONENTE IM VERSCHIEBUNGS-        *
90090 C*              VEKTOR FUER DEN 1. KNOTEN                   *
90095 C*   N2       : ANFANGSKOMPONENTE IM VERSCHIEBUNGS-        *
90100 C*              VEKTOR FUER DEN 2. KNOTEN                   *
90105 C*   F        : KRAFT IM STAB.                             *
90110 C*   SIGMA    : NORMALSPANNUNG IM STAB                     *
90115 C***********************************************************
90120         SUBROUTINE SPA4 (I1,I4,X,E,AR,*)
90125         INTEGER       FREI,ANZA
90130         DIMENSION        X(3,3),I4(3)
90135 C
90140         COMMON /FELD/ A(84),D(3570),V(1000),XKN(1000)
90145        *        /PAR/  KOANZ,FREI,ANZA,ETYP(3),MBAND,LELE,
90150        *               NAME(6),LREF,LRAN,KGRNR,LGS,LAD,LAV,LAX
90155 C
90160 C         KOORDINATENDIFFERENZEN
90165 C
90170         DZ = 0.
90175         DX=X(2,1)-X(1,1)
90180         DY=X(2,2)-X(1,2)
90185         IF (FREI.EQ.3) DZ=X(2,3)-X(1,3)
90190 C
90195 C         LAENGE DES STABES
90200 C
90205         STL=(DX**2+DY**2+DZ**2)**.5
90210 C
90215 C         BESTIMMUNG DER RICHTUNGSCOSINUS
90220 C
90225         CGAMMA=DZ/STL
90230         CBETA=DY/STL
90235         CALPHA=DX/STL
```

```
90240 C
90245 C              KOMPONENTEN DER BENOETIGTEN VERSCHIEBUNGEN
90250 C
90255        N1=(I4(1)-1)*FREI+1
90260        N2=(I4(2)-1)*FREI+1
90265 C
90270        DU= CALPHA*(V(N2)-V(N1))+CBETA*(V(N2+1)-V(N1+1))
90275        IF (FREI.EQ.3) DU = DU + CGAMMA*(V(N2+2) - V(N1+2))
90280 C
90285 C              BESTIMMUNG DER KRAFT IM STAB.
90290 C
90295        F=DU*AR*E/STL
90300 C
90305 C              BERECHNUNG DER SPANNUNG
90310 C
90315        SIGMA = F/AR
90320 C
90325 C              DRUCKEN DER KNOTENNUMMER,KRAFT UND SPANNUNG
90330 C
90335        WRITE (6,1)  I1,F,SIGMA
90340      1 FORMAT (1H ,3X,I5,10X,'F = ',F12.3,'  SIGMA = ',F12.3)
90345        RETURN 1
90350        END
```

```
91000 C     *****************************
91005 C     *****************************
91010 C     *** UNTERPROGRAMM SPA92 ***
91015 C     *****************************
91020 C     *****************************
91025 C     DAS UNTERPROGRAMM SPA92 ERMITTELT DIE KRAEFTE UND
91030 C     MOMENTE AN EBENEN BALKENELEMENTEN UND DRUCKT SIE
91035 C************************************************************
91040 C*     VERWENDETE VARIABLEN                                *
91045 C*                                                         *
91050 C*     I1       : ELEMENTNUMMER                            *
91055 C*     XL;YL    : ACHSENABSCHNITTE                         *
91060 C*     E        : ELASTIZITAETSMODUL                       *
91065 C*     AR       : QUERSCHNITTSFLAECHE                      *
91070 C*     TRZ      : FLAECHENTRAEGHEITSMOMENT BEZUEGLICH      *
91075 C*                DER LOKALEN Z-ACHSE                       *
91080 C*     CA;SA    : RICHTUNGSCOSINUS ZU DEN GLOBALEN ACHSEN  *
91085 C*                                                         *
91090 C*     VERWENDETE FELDER                                   *
91095 C*                                                         *
91100 C*     X        : KNOTENKOORDINATEN                        *
91105 C*     FV       : MATRIZENPRODUKT                          *
91110 C*     F        : KRAFTVEKTOR                              *
91115 C*     I4       : BETEILIGTE KNOTENNUMMERN                 *
91120 C************************************************************
91125         SUBROUTINE SPA92 (I1,I4,X,E,AR,TRZ,*)
91130         INTEGER          FREI, ANZA
91135         DIMENSION    X(3,3),FV(3,6),F(6),I4(3)
91140         COMMON /FELD/ A(84),D(3570),V(1000),XKN(1000)
91145        *        /PAR/  KOANZ,FREI,ANZA,ETYP(3),MBAND,LELE,
91150        *               NAME(6),LREF,LRAN,KGRNR,LGS,LAD,LAV,LAX
91155 C
91160 C          INITIALISIEREN DES KRAFTVEKTORS
91165 C
91170         DO   5  J= 1,6
91175 5       F(J) = 0.
91180 C
91185 C          KOORDINATENDIFFERENZEN UND RICHTUNGSCOSINUS
91190 C
91195         XL = X(2,1) - X(1,1)
91200         YL = X(2,2) - X(1,2)
91205         STL= (XL**2+YL**2)**0.5
91210         CA = XL/STL
91215         SA = YL/STL
91220 C
91225 C          SKALARE AUS DER LOKALEN ES-MATRIX
91230 C
91235         FO = E*TRZ/STL**3
91240         A11= E*AR/STL
91245         A22=12.*FO
```

```
91250 C
91255 C          MATRIZENPRODUKT AUS TRANSFORMATIONSMATRIX
91260 C          UND LOKALER ES-MATRIX
91265 C
91270           FV(1,1) = CA*A11
91275           FV(1,4) =-FV(1,1)
91280           FV(1,2) = SA*A11
91285           FV(1,5) =-FV(1,2)
91290           FV(1,3) = 0.
91295           FV(1,6) = 0.
91300           FV(2,1) =-SA*A22
91305           FV(2,4) =-FV(2,1)
91310           FV(2,2) = CA*A22
91315           FV(2,5) =-FV(2,2)
91320           FV(2,3) = 6.*STL*FO
91325           FV(2,6) = FV(2,3)
91330           FV(3,1) =-SA*FV(2,3)
91335           FV(3,4) =-FV(3,1)
91340           FV(3,2) = CA*FV(2,3)
91345           FV(3,5) =-FV(3,2)
91350           FV(3,3) = 4.*FO*STL**2
91355           FV(3,6) = FV(3,3)/2.
91360 C
91365 C          ERMITTLUNG DES KRAFTVEKTORS
91370 C
91375           DO   10   J = 1,3
91380           DO   10   I = 1,2
91385           DO   10   K = 1,3
91390           J1 = (I4(I)-1)*FREI+K
91395           J2 = (I-1)*FREI+K
91400 10        F(J) = F(J) + V(J1)*FV(J,J2)
91405 C
91410           F(4) =-F(1)
91415           F(5) =-F(2)
91420           F(6) = F(3) - (FV(3,3)*V((I4(1)-1)*FREI+3)
91425      *                +  FV(3,6)*V((I4(2)-1)*FREI+3))
91430      *                + (FV(3,3)*V((I4(2)-1)*FREI+3)
91435      *                +  FV(3,6)*V((I4(1)-1)*FREI+3))
91440 C
91445           WRITE (6,1) I1,I4(1),F(1),F(2),F(3),I4(2),
91450      *                      F(4),F(5),F(6)
91455 1         FORMAT (1H ,3X,I5,2(3X,I5,3X,'FLAENGS= ',E11.5,
91460      *          3X,'FQUER= ',E11.5,3X,'MBZ=   ',E11.5/9X))
91465           RETURN 1
91470           END
```

```
92000 C   ********************************
92005 C   ********************************
92010 C   *** UNTERPROGRAMM SPA93 ***
92015 C   ********************************
92020 C   ********************************
92025 C   DAS UNTERPROGRAMM SPA93 ERMITTELT DIE KRAEFTE UND
92030 C   MOMENTE AN RAEUMLICHEN BALKENELEMENTEN SOWIE DIE
92035 C   LOKALEN VERDREHUNGEN UND DRUCKT SIE
92040 C***********************************************************
92045 C*    VERWENDETE VARIABLEN                                *
92050 C*                                                        *
92055 C*    I1        : ELEMENTNUMMER                           *
92060 C*    E         : ELASTIZITAETSMODUL                      *
92065 C*    AR        : QUERSCHNITTSFLAECHE                     *
92070 C*    Q         : QUERKONTRAKTIONSZAHL                    *
92075 C*    TRZ;TRY   : FLAECHENTRAEGHEITSMOMENTE BEZUEGLICH    *
92080 C*                DER LOKALEN ACHSEN                       *
92085 C*    TRTO      : TORSIONSTRAEGHEITSMOMENT                *
92090 C*    XL-ZL     : ACHSENABSCHNITTE                        *
92095 C*    BL        : LAENGE DES BALKENELEMENTES              *
92100 C*                                                        *
92105 C*    VERWENDETE FELDER                                   *
92110 C*                                                        *
92115 C*    X         : KNOTENKOORDINATEN                       *
92120 C*    I4        : BETEILIGTE KNOTENNUMMERN                *
92125 C*    FV        : TEIL DER LOKALEN ES-MATRIX              *
92130 C*    F         : KRAFTVEKTOR                             *
92135 C*    D3        : TRANSFORMATIONSMATRIX                   *
92140 C*    VLOK      : VEKTOR DER LOKALEN VERSCHIEBUNGEN       *
92145 C***********************************************************
92150       SUBROUTINE SPA93 (I1,I4,X,L1,E,AR,Q,TRZ,TRY,TRTO,*)
92155 C
92160       INTEGER       FREI, ANZA
92165       DIMENSION     X(3,3),FV(6,12),F(12),I4(3),D3(3,3),VLOK(12)
92170       COMMON /FELD/ A(84),D(3570),V(1000),XKN(1000)
92175      *       /PAR/  KOANZ,FREI,ANZA,ETYP(3),MBAND,LELE,
92180      *              NAME(6),LREF,LRAN,KGRNR,LGS,LAD,LAV,LAX
92185 C
92190 C         INITIALISIEREN
92195 C
92200       DO    5  J= 1,12
92205       F(J) = 0.
92210       VLOK(J)=0.
92215       DO    5  K= 1, 6
92220 5     FV(K,J)= 0.
92225 C
92230 C         ERMITTELN DER TRANSFORMATIONSMATRIX
92235 C
92240       XL = X(2,1)-X(1,1)
92245       YL = X(2,2)-X(1,2)
92250       ZL = X(2,3)-X(1,3)
92255 C
92260       BL = (XL**2+YL**2+ZL**2)**0.5
```

```
92265 C
92270          D3(1,1) = XL/BL
92275          D3(1,2) = YL/BL
92280          D3(1,3) = ZL/BL
92285 C
92290          BLS = (D3(1,1)**2+D3(1,2)**2)**0.5
92295 C
92300 C             SONDERFALL BALKEN IN Z- RICHTUNG
92305 C
92310          IF(BLS.NE.0.) GOTO 10
92315          D3(2,1)=0.
92320          D3(2,2)=1.
92325          GOTO 20
92330 10       D3(2,1) =-D3(1,2)/BLS
92335          D3(2,2) = D3(1,1)/BLS
92340 20       D3(2,3) = 0.
92345          D3(3,1) = D3(1,2)*D3(2,3)-D3(1,3)*D3(2,2)
92350          D3(3,2) = D3(1,3)*D3(2,1)-D3(2,3)*D3(1,1)
92355          D3(3,3) = D3(1,1)*D3(2,2)-D3(1,2)*D3(2,1)
92360 C
92365 C         ERMITTLUNG DER LOKALEN VERSCHIEBUNGEN
92370 C
92375          DO   30   K=1,2
92380          DO   30   L=1,3
92385          DO   30   M=1,3
92390          K1 = 3*(K-1)+L
92395          N1 =(I4(1)-1)*FREI+3*(K-1)+M
92400          N2 =(I4(2)-1)*FREI+3*(K-1)+M
92405          VLOK(K1) = VLOK(K1)+D3(L,M)*V(N1)
92410 30       VLOK(K1+6) = VLOK(K1+6)+D3(L,M)*V(N2)
92415 C
92420          EL = E/BL**2
92425          GL = E/(2*(1+Q))
92430 C
92435 C          AUFSTELLUNG DER LOKALEN ES-MATRIX
92440 C
92445          FV( 1,  1) = EL*AR*BL
92450          FV( 1,  7) =-FV( 1, 1)
92455          FV( 2,  2) = 12.*EL*TRZ/BL
92460          FV( 2,  8) =-FV( 2, 2)
92465          FV( 2,  6) = 6.*EL*TRZ
92470          FV( 2,12) = FV( 2, 6)
92475          FV( 6,  2) = FV( 2,12)
92480          FV( 6,  8) =-FV( 2,12)
92485          FV( 3,  3) = 12.*EL*TRY/BL
92490          FV( 3,  9) =-FV( 3, 3)
92495          FV( 3,  5) =-6.*EL*TRY
92500          FV( 3,11) = FV( 3, 5)
92505          FV( 5,  3) = FV( 3, 5)
92510          FV( 5,  9) =-FV( 3, 5)
92515          FV( 4,  4) = GL*TRTO/BL
92520          FV( 4,10) =-FV( 4, 4)
92525          FV( 5,  5) = 4.*EL*TRY*BL
92530          FV( 5,11) = FV( 5, 5)/2.
92535          FV( 6,  6) = 4.*EL*TRZ*BL
92540          FV( 6,12) = FV( 6, 6)/2.
```

```
92545 C
92550 C          ERMITTLUNG DES KRAFTVEKTORS
92555 C
92560         DO   40   K =1, 6
92565         DO   40   L =1,12
92570 40      F(K) = F(K)+VLOK(L)*FV(K,L)
92575 C
92580         DO   50   K =1, 4
92585 50      F(K+6) =-F(K)
92590 C
92595         F(11) = F(5)-(VLOK(5)*FV(5,5)+VLOK(11)*FV(5,11))
92600       *              +(VLOK(5)*FV(5,11)+VLOK(11)*FV(5,5))
92605 C
92610         F(12) = F(6)-(VLOK(6)*FV(6,6)+VLOK(12)*FV(6,12))
92615       *              +(VLOK(6)*FV(6,12)+VLOK(12)*FV(6,6))
92620 C
92625 C          DRUCKEN DER UEBERSCHRIFT
92630 C
92635         IF(L1.EQ.1)   WRITE (6,55)
92640 55      FORMAT (26X,'LOKALE KRAEFTE,MOMENTE UND VERDREHUNGEN'//)
92645 C
92650 C          DRUCKEN DES KRAFTVEKTORS UND DER LOKALEN VERDREHUNGEN
92655 C
92660         WRITE (6,60) I1,I4(1),(F(J),J=1,6),(VLOK(J),J=4,6),
92665       *              I4(2),(F(K),K=7,12),(VLOK(J),J=10,12)
92670 60      FORMAT (1H ,3X,I5,2(3X,I5,3X,'FLAENGS= ',E11.5,2X,
92675       *           'FQUERY = ',E11.5,2X,'FQUERZ = ',E11.5/20X,
92680       *           'MTORS  = ',E11.5,2X,'MBY     = ',E11.5,2X,
92685       *           'MBZ     = ',E11.5/20X,'WX      = ',E11.5,2X,
92690       *           'WY      = ',E11.5,2X,'WZ      = ',E11.5//9X))
92695 C
92700         RETURN 1
92705         END
```

```
93000 C      **************************
93005 C      **************************
93010 C      *** UNTERPROGRAMM SPA1***
93015 C      **************************
93020 C      **************************
93025 C      DAS UNTERPROGRAMM SPA1 ERMITTELT DIE SPANNNUNGEN
93030 C      UND DEHNUNGEN IM DREIECKSELEMENT UND DRUCKT SIE
93035 C*****************************************************
93040 C*     VERWENDETE VARIABLEN                         *
93045 C*                                                  *
93050 C*      E            :ELASTIZITAETSMODUL            *
93055 C*      Q            :QUERZAHL                      *
93060 C*      FL           :FLAECHENINHALT DES DREIECKES  *
93065 C*      DA-DF        :KOORDINATENDIFFERENZEN        *
93070 C*      SIGMA XX :NORMALSPANNUNG IN X-RICHTUNG *
93075 C*      SIGMA YY :NORMALSPANNUNG IN Y-RICHTUNG *
93080 C*      TAU XY       :SCHUBSPANNUNG                 *
93085 C*                                                  *
93090 C*     VERWENDETE FELDER                           *
93095 C*                                                  *
93100 C*      S            :SPANNUNGSMATRIX               *
93105 C*      X            :KNOTENKOORDINATEN DES VER-    *
93110 C*                    WENDETEN DREIECKS             *
93115 C*      V            :VERSCHIEBUNGSVEKTOR           *
93120 C*****************************************************
93125        SUBROUTINE SPA1 (I1,I4,X,E,Q,*)
93130        INTEGER      FREI,ANZA
93135        DIMENSION         X(3,3),I4(3),S(3,6),Z(3)
93140 C
93145        COMMON /FELD/ A(84),D(3570),V(1000),XKN(1000)
93150     *         /PAR/  KOANZ,FREI,ANZA,ETYP(3),MBAND,LELE,
93155     *                NAME(6),LREF,LRAN,KGRNR,LGS,LAD,LAV,LAX
93160 C
93165        DO 5  K = 1,3
93170        Z ( K ) = 0.
93175 5      CONTINUE
93180        DA=X(3,2)-X(2,2)
93185        DB=X(3,1)-X(2,1)
93190        DC=X(1,2)-X(3,2)
93195        DD=X(1,1)-X(3,1)
93200        DE=X(2,2)-X(1,2)
93205        DF=X(2,1)-X(1,1)
93210 C
93215 C      FLAECHENINHALT DES DREIECKS
93220 C
93225        FL=0.5*(DF*DA-DB*DE)
93230 C
93235        F=(1.-Q)/2.
```

```
93240 C
93245 C            SPANNUNGSMATRIX
93250 C
93255        S(1,1)=-DA
93260        S(1,2)=DB*Q
93265        S(1,3)=-DC
93270        S(1,4)=DD*Q
93275        S(1,5)=-DE
93280        S(1,6)=DF*Q
93285        S(2,1)=S(1,1)*Q
93290        S(2,2)=S(1,2)/Q
93295        S(2,3)=S(1,3)*Q
93300        S(2,4)=S(1,4)/Q
93305        S(2,5)=S(1,5)*Q
93310        S(2,6)=S(1,6)/Q
93315        S(3,1)=DB*F
93320        S(3,2)=-DA*F
93325        S(3,3)=DD*F
93330        S(3,4)=-DC*F
93335        S(3,5)=DF*F
93340        S(3,6)=-DE*F
93345 C
93350        B=E/((1.-Q**2)*2.*FL)
93355 C
93360 C      BERECHNUNG DES SPANNUNGSVEKTORS
93365 C
93370        DO 10 I=1,2
93375        DO 10 J=2,6,2
93380        DO 10 K=1,3
93385        J1=J+I-2
93390        J2=(I4(J/2)-1)*FREI+I
93395        Z(K)=Z(K)+S(K,J1)*V(J2)
93400 10     CONTINUE
93405 C
93410        SIGXX=Z(1)*B
93415        SIGYY=Z(2)*B
93420        TAUXY=Z(3)*B
93425 C
93430 C            DRUCKEN
93435 C
93440        WRITE (6,1) I1,SIGXX,SIGYY,TAUXY
93445 1      FORMAT (1H ,3X,I5,10X,'SIGMAXX= ',F7.2,
93450       *' SIGMAYY= ',F7.2,'  TAUXY= ',F7.2)
93455        RETURN 1
93460        END
```

```fortran
94000 C     ***********************************
94005 C     ***********************************
94010 C     *****   UP SPANEU  *************
94015 C     ***********************************
94020 C     ***********************************
94025       SUBROUTINE SPANEU (TYP)
94030       WRITE(6,1) TYP
94035     1 FORMAT(1H0,'ELEMENTTYP',F5.2,'NICHT VORHANDEN')
94040 C
94045 C         FUEGEN SIE HIER DIE SPANNUNGSBERECHNUNG
94050 C         FUER IHREN ELEMENTTYP EIN
94055 C
94060       STOP
94065       END
```

```fortran
95000 C     *****************************
95005 C     *****************************
95010 C     ***   UNTERPROGRAMM AUFLAG **
95015 C     *****************************
95020 C     *****************************
95025 C     DAS UNTERPROGRAMM AUFLAG ERMITTELT UND DRUCKT
95030 C     DIE AUFLAGERREAKTIONEN DES BAUTEILS
95035 C*****************************************************
95040 C*    NZEI    : ZEILE DER GS-MATRIX                  *
95045 C*              DIE ZU BEARBEITEN IST                *
95050 C*    NA      : ADRESSE FUER DEN ERSTEN WERT EINER   *
95055 C*              EINER ZEILE AUS DER DATEI '80'       *
95060 C*    NE      : ENDADRESSE EINER ZEILE VON '80'      *
95065. C*    F       : AUFLAGERREAKTIONSKRAFT.             *
95070 C*****************************************************
95075       SUBROUTINE AUFLAG  (LF)
95085       INTEGER        FREI,ANZA
95090 C
95095       COMMON /RAND/ KNRA(50),NARA(50,6),RV(50,6)
95100      *        /FELD/ A(84),D(3570),V(1000),XKN(1000)
95105      *        /PAR/  KOANZ,FREI,ANZA,ETYP(3),MBAND,LELE,
95110      *               NAME(6),LREF,LRAN,KGRNR,LGS,LAD,LAV,LAX
95115 C
95120 C         DRUCKEN DES KOPFES
95125 C
95130       WRITE  (6,1)
95135     1 FORMAT (1H0,25X,'AUFLAGERREAKTIONEN'/
95140      *         1H ,25X,18('=')/1H ,'KNOTEN')
95145       DO 1000   I =1,LRAN
95150       DO 1000   J =1,FREI
95155       DO 1000   K =1,FREI
95160 C
95165 C         SUCHEN EINER RANDBEDINGUNG UND
95170 C         LESEN DER ZEILE AUS DER DATEI '80'
95175 C
95180       IF (NARA(I,J).NE.NAME(K))  GOTO 1000
95185       NZEI=(KNRA(I)-1)*FREI+K
95190       MDA = MBAND*2 - 1
95195       READ(80'NZEI) (D(L), L = 1,MDA)
95200       NA = NZEI - MBAND + 1
95205       IF(NA.LE.0) NA = 1
95210       NE = NZEI + MBAND - 1
95215       IF(NE.GT.LGS)  NE = LGS
95220       F = 0.
95225 C
95230 C         BERECHNEN DER AUFLAGERKRAEFTE
95235 C
95240       DO 500 L = NA,NE
95245   500 F = F + D(L-NA+1)*V(L)
95250 C
95255 C         DRUCKEN DER AUFLAGERREAKTIONEN
95260 C
95265       WRITE (6,2) NAME(K)
95270   2 FORMAT(1H ,10X,A2,'-KOMPONENTE: ')
95275       WRITE (6,5) KNRA(I),F
95280     5 FORMAT (1H+,I5,20X,E12.3)
95285  1000 CONTINUE
95290       RETURN
95295       END
```

10 BEISPIELE

Die in diesem Abschnitt dargestellten 5 Beispiele sollen den Anwender mit
dem FEM-Programm vertraut machen. Speziell die 4 ersten Beispiele sollen
die Angaben im Abschnitt 8 verdeutlichen, aber demjenigen Anwender, der
das Programm auf seiner Rechenanlage implementieren will, Test- und Über-
prüfungsmöglichkeiten an die Hand geben. Im letzten Beispiel wird vorge-
führt, wie eine umfangreiche Struktureingabe mit Hilfe eines Netzgenerators
erzeugt wird und der Benutzer damit in der Lage ist, in kurzer Zeit verschiedene Strukturmodelle zu erzeugen und zu berechnen.

10.1 *Ebenes Stabwerk*

Die Eingabe und die Ergebnisse zu diesem Beispiel werden komplett angegeben. Die Struktur aus dem Abschnitt 5.1 (Bild 5-2) wird berechnet.

Befehlseingabe (Datei '5'):

```
*DRUCK,RELE=J,AUST=J,AUVE=J,AUSP=J,AULA=J,PLOT=N
*TYPEN,KOANZ=2,FREI=2,ANZA=1,ETYP=4.  ,NAMEN=X Y
```

Struktureingabe (Datei '50'):

```
KOOR
      1      0.0         0.0
      2      1000.       0.0
      3      1500.       500.
*     4      500.        500.
ELEM
      1      1     2     1     2
      2      1     2     2     3
      3      1     2     4     3
      4      1     2     2     4
*     5      1     2     1     4
REFE
*     1      4.          210000.   150.
BELA
      3      1   -500.        0.0
*     4      1    0.0      -1000.
RAND
      1      X           0.0       Y         0.0
*     2      Y           0.0
ENDE
```

Das Ergebnisprotokoll ist auf den nächsten beiden Seiten zu finden.

```
                    KNOTENKOORDINATEN
                    =================
KNOTEN              X-KOORDINATE              Y-KOORDINATE
     1                  0.0                       0.0
     2               1000.0000                    0.0
     3               1500.0000                  500.0000
     4                500.0000                  500.0000


                  ANGABEN ZUR STRUKTUR
                  ====================
ELEMENT     REFERENZ   KNOTENZAHL      KNOTEN

     1          1           2         1        2
     2          1           2         2        3
     3          1           2         4        3
     4          1           2         2        4
     5          1           2         1        4


                    BELASTUNGEN
                    ===========
KNOTEN      LASTFALL  X -KOMPONENTE  Y -KOMPONENTE
     3          1     -0.500E+03        0.0
     4          1      0.0            -0.100E+04


                  RANDBEDINGUNGEN
                  ===============
KNOTEN      AUFGEZWUNGENGE  VERSCHIEBUNGEN

 ―   1      X =   0.0        Y =   0.0
     2      Y =   0.0            =   0.0


                    REFERENZEN
                    ==========
NUMMER   REFERENZ 1   REFERENZ 2   REFERENZ 3   REFERENZ 4   REFERENZ 5

     1       4.00     210000.00      150.00        0.0          0.0


            DIE BANDBREITE DER STRUKTUR IST      8
            DIE LAENGE DER GS-MATRIX IST      8
            DIE IM PROGRAMM FESTGELEGTEN GRENZEN SIND:
            BANDBREITE =      84, LAENGE DER GS-MATRIX =   1000
```

```
***************************
*ERGEBNISSE LASTFALL   1*
***************************

        VERSCHIEBUNGEN DER STRUKTUR
        ==============================


KNOTEN                    VERSCHIEBUNGEN


                 X               Y
     1      -0.50000E-27   -0.75000E-27
     2       0.79365E-02   -0.25000E-27
     3      -0.23129E-01    0.31065E-01
     4      -0.72557E-02   -0.26416E-01


              KRAEFTE,SPANNUNGEN UND MOMENTE
              ==============================

ELEMENT    KNOTEN
     1        F =        250.000   SIGMA =        1.667
     2        F =          0.0     SIGMA =        0.0
     3        F =       -500.000   SIGMA =       -3.333
     4        F =       -353.553   SIGMA =       -2.357
     5        F =      -1060.660   SIGMA =       -7.071


              AUFLAGERREAKTIONEN
              ==================
KNOTEN
     1      X -KOMPONENTE:     0.500E+03
     1      Y -KOMPONENTE:     0.750E+03
     2      Y -KOMPONENTE:     0.250E+03
```

10.2 Ebenes Balkensystem

Das Beispiel 5.1 aus dem Abschnitt 5.2 ist ein ebenes Balkensystem und
wird mit der Befehlseingabe

```
*DRUCK,RELE=J,AUST=J,AUVE=J,AUSP=J,AULA=J,PLOT=N
*TYPEN,KOANZ=2,FREI=3,ANZA=1,ETYP=9.   ,NAMEN=X Y WZ
```

berechnet. Die Struktureingabe kann dem Programmausdruck der folgenden
Seite entnommen werden.

                    KNOTENKOORDINATEN
                    ==================
KNOTEN   X-KOORDINATE   Y-KOORDINATE
    1   0.0   0.0
    2   1000.0000   0.0
    3   2000.0000   0.0
    4   2000.0000   -1000.0000

                    ANGABEN ZUR STRUKTUR
                    ====================
ELEMENT   REFERENZ KNOTENZAHL   KNOTEN

    1   1   2   1   2
    2   1   2   2   3
    3   1   2   3   4

                    BELASTUNGEN
                    ===========
KNOTEN   LASTFALL X -KOMPONENTE Y -KOMPONENTE WZ-KOMPONENTE
    2   1   0.0   -0.600E+03   0.0

                    RANDBEDINGUNGEN
                    ===============
KNOTEN   AUFGEZWUNGENGE VERSCHIEBUNGEN

    1   Y = 0.0   = 0.0   = 0.0
    4   X = 0.0   Y = 0.0   WZ= 0.0

                    REFERENZEN
                    ==========
NUMMER REFERENZ 1   REFERENZ 2   REFERENZ 3   REFERENZ 4   REFERENZ 5

    1   9.00   210000.00   1000.00   100000.00   0.0

        DIF BANDBREITE DER STRUKTUR IST   6
        DIF LAENGE DER GS-MATRIX IST   12
        DIF IM PROGRAMM FESTGELEGTEN GRENZEN SIND:
        BANDBREITE =   84, LAENGE DER GS-MATRIX =   1000

```
*************************
*ERGEBNISSE LASTFALL  1*
*************************

        VERSCHIEBUNGEN DER STRUKTUR
        =============================

KNOTEN                    VERSCHIEBUNGEN

              X               Y               WZ
   1     -0.21426E+01   -0.25501E-27   -0.57153E-02
   2     -0.21426E+01   -0.36914E+01    0.35628E-03
   3     -0.21426E+01   -0.16428E-02    0.42852E-02
   4     -0.79936E-35   -0.34499E-27    0.89990E-25

              KRAEFTE,SPANNUNGEN UND MOMENTE
              ==============================

ELEMENT   KNOTEN
   1        1    FLAENGS= -.11444E-04   FQUER= 0.25501E+03   MBZ= 0.51498E-04
            2    FLAENGS= 0.11444E-04   FQUER= -.25501E+03   MBZ= 0.25501E+06

   2        2    FLAENGS= -.11444E-04   FQUER= -.34499E+03   MBZ= -.25501E+06
            3    FLAENGS= 0.11444E-04   FQUER= 0.34499E+03   MBZ= -.89990E+05

   3        3    FLAENGS= 0.34499E+03   FQUER= -.79572E-05   MBZ= 0.89990E+05
            4    FLAENGS= -.34499E+03   FQUER= 0.79572E-05   MBZ= -.89990E+05


              AUFLAGERREAKTIONEN
              ==================
KNOTEN
   1     Y -KOMPONENTE:     0.255E+03
   4     X -KOMPONENTE:     0.799E-05
   4     Y -KOMPONENTE:     0.345E+03
   4     WZ-KOMPONENTE:    -0.900E+05
```

Länge L = 1000 mm

Querschnittsfläche
A = 1963,5 mm^2

Elastizitätsmodul
E = 210000 N/mm^2

Querkontraktion ν = 0,3

Trägheitsmomente

I_z = 306796 mm^4
I_y = 306796 mm^4
I_t = 613592 mm^4

Der Balken ist in Knoten 1
fest eingespannt.

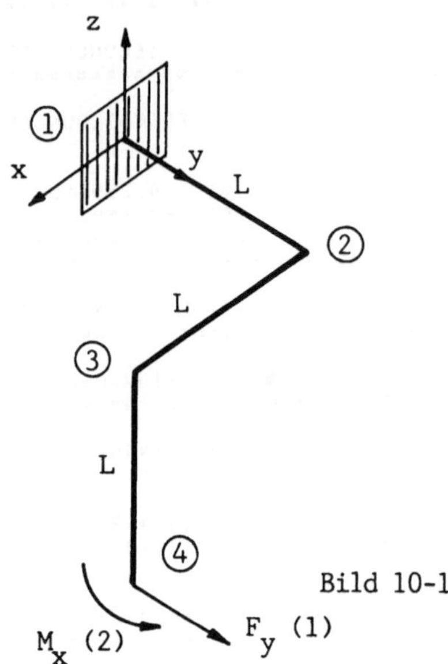

Die Eingabe soll nicht gedruckt werden. Wir haben folgende Befehlseingabe:

```
*DRUCK,RELE=J,AUST=N,AUVE=J,AUSP=J,AULA=J,PLOT=N
*TYPEN,KOANZ=3,FREI=6,ANZA=1,ETYP=9.  ,NAMEN=X Y Z WXWYWZ
```

Struktureingabe:

```
KOOR
     1      0.0         0.0        0.0
     2      0.0        1000.       0.0
     3     1000.       1000.       0.0
*    4     1000.       1000.      -1000.
ELEM
     1    1    2    1    2
     2    1    2    2    3
*    3    1    2    3    4
REFE
*    1     9.        210000.    1963,5   0.3   306796. 306796. 613592.
RAND
     1    X      0.0      Y      0.0       Z       0.0
*         WX     0.0      WY     0.0       WZ      0.0
BELA
     4    1   0.0    1000.     0.0        0.0       0.0       0.0
*    4    2   0.0    0.0       0.0     1000000.     0.0       0.0
ENDE
```

Die Struktur wird für 2 Lastfälle berechnet:

Lastfall 1: F_y = 1000 N in Knoten 4 , Lastfall 2: M_x=10^6 Nmm in Knoten 4.

```
*************************
*ERGEBNISSE LASTFALL  1*
*************************

VERSCHIEBUNGEN DER STRUKTUR
===========================
```

KNOTEN   VERSCHIEBUNGEN

```
           X             Y             Z             WX            WY            WZ
  1    0.96117E-33   0.10000E-26  -0.72871E-33   0.10000E-23   0.72792E-30   0.10000E-23
  2   -0.77607E+01   0.24252E-02   0.77607E+01   0.15521E-01   0.14688E-07   0.15521E-01
  3   -0.77607E+01   0.20698E+02   0.77607E+01   0.35699E-01   0.20337E-07   0.23282E-01
  4   -0.77607E+01   0.61571E+02   0.77607E+01   0.43460E-01   0.20338E-07   0.23282E-01
```

```
                    KRAEFTE,SPANNUNGEN UND MOMENTE
                    =============================
ELEMENT   KNOTEN

                 LOKALE KRAEFTE,MOMENTE UND VERDREHUNGEN


  1        1    FLAENGS= -.10000E+04   FQUERY = 0.96130E-03   FQUERZ = 0.72861E-03
                MTORS  = -.72792E+00   MRY    = 0.10000E+07   MBZ    = -.10000E+07
                WX     = 0.72792E-30   WY     = -.10000E-23   WZ     = 0.10000E-23

           2    FLAENGS= 0.10000E+04   FQUERY = -.96130E-03   FQUERZ = -.72861E-03
                MTORS  = 0.72792E+00   MRY    = -.10000E+07   MBZ    = 0.10000E+07
                WX     = 0.14688E-07   WY     = -.15521E-01   WZ     = 0.15521E-01


  2        2    FLAENGS= 0.0           FQUERY = -.10000E+04   FQUERZ = 0.72807E-03
                MTORS  = -.10000E+07   MRY    = -.72789E+00   MBZ    = -.10000E+07
                WX     = 0.15521E-01   WY     = 0.14688E-07   WZ     = 0.15521E-01

           3    FLAENGS= 0.0           FQUERY = 0.10000E+04   FQUERZ = -.72807E-03
                MTORS  = 0.10000E+07   MRY    = 0.80883E-04   MBZ    = 0.97656E-03
                WX     = 0.35699E-01   WY     = 0.20337E-07   WZ     = 0.23282E-01


  3        3    FLAENGS= -.12207E-03   FQUERY = -.10000E+04   FQUERZ = -.13228E-06
                MTORS  = -.61035E-04   MRY    = -.23299E-04   MBZ    = -.10000E+07
                WX     = -.23282E-01   WY     = 0.20337E-07   WZ     = 0.35699E-01

           4    FLAENGS= 0.12207E-03   FQUERY = 0.10000E+04   FQUERZ = 0.13228E-06
                MTORS  = 0.61035E-04   MRY    = 0.37043E-06   MBZ    = 0.0
                WX     = -.23282E-01   WY     = 0.20338E-07   WZ     = 0.43460E-01


                    AUFLAGERREAKTIONEN
                    ==================
KNOTEN
  1    X -KOMPONENTE:    -0.961E-03
  1    Y -KOMPONENTE:    -0.100E+04
  1    Z -KOMPONENTE:     0.729E-03
  1    WX-KOMPONENTE:    -0.100E+07
  1    WY-KOMPONENTE:    -0.728E+00
  1    WZ-KOMPONENTE:    -0.100E+07
```

```
************************
*ERGEBNISSE LASTFALL  2*
************************

VERSCHIEBUNGEN DER STRUKTUR
===========================

KNOTEN                      VERSCHIEBUNGEN

                X              Y              Z            WX             WY             WZ
    1       -0.48944F-38   0.19389E-37   -0.72865E-34   0.10000E-24   0.72783E-31   0.27680E-34
    2       -0.20216E-09   0.47023E-13    0.77607E+00   0.15521E-02   0.14686E-08   0.39165E-12
    3       -0.20217E-09   0.51837E-09    0.77607E+00   0.35699E-02   0.20334E-08   0.59484E-12
    4       -0.20336E-05   0.43460E+01    0.77607E+00   0.51221E-02   0.20334E-08   0.51419E-12

                 KRAEFTE,SPANNUNGEN UND MOMENTE
                 ==============================
ELEMENT   KNOTEN
                     LOKALE KRAEFTE,MOMENTE UND VERDREHUNGEN


    1        1     FLAENGS= -.19389E-07   FQUERY = -.48944E-08   FQUERZ = 0.72867E-04
                   MTORS  = -.72783E-01   MBY    = 0.10000E+06   MBZ    = -.27680E-04
                   WX     = 0.72783E-31   WY     = -.10000E-24   WZ     = 0.27680E-34

             2     FLAENGS= 0.19389E-07   FQUERY = 0.48944E-08   FQUERZ = -.72867E-04
                   MTORS  = 0.72783E-01   MBY    = -.10000E+06   MBZ    = 0.22786E-04
                   WX     = 0.14686E-08   WY     = -.15521E-02   WZ     = 0.39165E-12


    2        2     FLAENGS= 0.48944E-08   FQUERY = -.19389E-07   FQUERZ = 0.72776E-04
                   MTORS  = -.10000E+06   MBY    = -.72783E-01   MBZ    = -.22786E-04
                   WX     = 0.15521E-02   WY     = 0.14686E-08   WZ     = 0.39165E-12

             3     FLAENGS= -.48944E-08   FQUERY = 0.19389E-07   FQUERZ = -.72776E-04
                   MTORS  = 0.10000E+06   MBY    = -.43391E-06   MBZ    = 0.33966E-05
                   WX     = 0.35699E-02   WY     = 0.20334E-08   WZ     = 0.59484E-12


    3        3     FLAENGS= 0.0          FQUERY = 0.29802E-07   FQUERZ = 0.48944E-08
                   MTORS  = -.39971E-05   MBY    = 0.14988E-05   MBZ    = -.10000E+06
                   WX     = -.59484E-12   WY     = 0.20334E-08   WZ     = 0.35699E-02

             4     FLAENGS= 0.0          FQUERY = -.29802E-07   FQUERZ = -.48944E-08
                   MTORS  = 0.39971E-05   MBY    = -.63932E-05   MBZ    = 0.10000E+06
                   WX     = -.51419E-12   WY     = 0.20334E-08   WZ     = 0.51221E-02



                     AUFLAGERREAKTIONEN
                     ==================
KNOTEN
    1     X -KOMPONENTE:    0.489E-08
    1     Y -KOMPONENTF:   -0.194E-07
    1     Z -KOMPONENTE:    0.729E-04
    1     WX-KOMPONENTE:   -0.100E+06
    1     WY-KOMPONENTE:   -0.728E-01
    1     WZ-KOMPONENTE:   -0.277E-04
```

Wir erweitern das Beispiel 6.7 aus Abschnitt 6.2.2, indem wir Versteifungen durch Stabelemente einfügen.

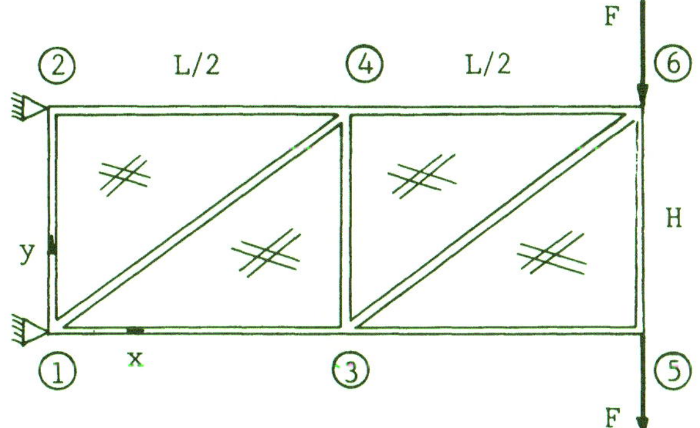

Bild 10- 2

Länge L = 2000 mm   , Querschnittsfläche der Stäbe = 100 mm^2 ,
Höhe H = 200 mm   , Dicke der Scheibe = 5 mm   ,
E-Modul = 210000 N/mm^2, Querkontraktion ν = 0,3   ,
Last jeweils F = -500 N ,
zweiwertige Auflager in den Knoten 1 und 2.

Die Struktur besteht aus 4 Scheibenelementen und 9 Stabelementen.
Die Befehlseingabe lautet:

```
*DRUCK,RELE=J,AUST=J,AUVE=J,AUSP=J,AULA=J;PLOT=N
*TYPEN,KOANZ=2,FREI=2,ANZA=2,ETYP=1.4.,NAMEN=X Y
```

Die Ergebnisse des Programmlaufs sind auf den beiden folgenden Seiten gelistet.

                    KNOTENKOORDINATEN
                    ==================
KNOTEN   X-KOORDINATE   Y-KOORDINATE
   1   0.0   0.0
   2   0.0   200.0000
   3   1000.0000   0.0
   4   1000.0000   200.0000
   5   2000.0000   0.0
   6   2000.0000   200.0000

                    ANGABEN ZUR STRUKTUR
                    ====================
ELEMENT   REFERENZ KNOTENZAHL   KNOTEN

   1   1   3   1   2   4
   2   1   3   1   3   4
   3   1   3   3   4   6
   4   1   3   3   5   6
   5   2   2   1   2
   6   2   2   1   3
   7   2   2   3   4
   8   2   2   2   4
   9   2   2   1   4
  10   2   2   3   5
  11   2   2   4   6
  12   2   2   5   6
  13   2   2   3   6

                    REFERENZEN
                    ==========
NUMMER   REFERENZ 1   REFERENZ 2   REFERENZ 3   REFERENZ 4   REFERENZ 5

   1   1.00   5.00   210000.00   0.30   0.0
   2   4.00   210000.00   100.00   0.0   0.0

                    BELASTUNGEN
                    ===========
KNOTEN   LASTFALL X -KOMPONENTE Y -KOMPONENTE
   5   1   0.0   -0.500E+03
   6   1   0.0   -0.500E+03

                    RANDBEDINGUNGEN
                    ===============
KNOTEN   AUFGEZWUNGENGE VERSCHIEBUNGEN

   1   X =   0.0   Y =   0.0
   2   X =   0.0   Y =   0.0

          DIE BANDBREITE DER STRUKTUR IST   8
          DIE LAENGE DER GS-MATRIX IST   12
          DIE IM PROGRAMM FESTGELEGTEN GRENZEN SIND:
          BANDBREITE =   84, LAENGE DER GS-MATRIX =   1000

```
*******************************
*ERGEBNISSE LASTFALL   1*
*******************************

VERSCHIEBUNGEN DER STRUKTUR
===============================
```

KNOTEN	VERSCHIEBUNGEN	
	X	Y
1	-0.10000E-25	0.19602E-26
2	0.10000E-25	-0.29602E-26
3	-0.65977E-02	-0.45363E-01
4	0.65854E-02	-0.45076E-01
5	-0.89560E-02	-0.13444E+00
6	0.85895E-02	-0.13415E+00

```
KRAEFTE,SPANNUNGEN UND MOMENTE
==================================
```

ELEMENT	KNOTEN						
1		SIGMAXX=	1.52	SIGMAYY=	0.46	TAUXY=	-3.64
2		SIGMAXX=	-1.42	SIGMAYY=	-0.12	TAUXY=	1.66
3		SIGMAXX=	0.56	SIGMAYY=	0.47	TAUXY=	-1.87
4		SIGMAXX=	-0.45	SIGMAYY=	0.17	TAUXY=	-0.11
5		F =	0.0	SIGMA =	0.0		
6		F =	-138.552	SIGMA =	-1.386		
7		F =	30.202	SIGMA =	0.302		
8		F =	138.294	SIGMA =	1.383		
9		F =	-49.062	SIGMA =	-0.491		
10		F =	-49.523	SIGMA =	-0.495		
11		F =	42.085	SIGMA =	0.421		
12		F =	29.984	SIGMA =	0.300		
13		F =	-51.910	SIGMA =	-0.519		

```
AUFLAGERREAKTIONEN
==================
```

KNOTEN		
1	X -KOMPONENTE:	0.100E+05
1	Y -KOMPONENTE:	-0.196E+04
2	X -KOMPONENTE:	-0.100E+05
2	Y -KOMPONENTE:	0.296E+04

Das letzte Beispiel behandelt ein Kuppeldach aus Stäben. Es wurde auf eine Konstruktion aus [5] zurückgegriffen. Die Kuppel besteht aus 84 Knoten und 228 Stäben. Eine Strukturaufbereitung per Hand ist viel zu zeitraubend und fehleranfällig. Die Struktur wurde daher mit einem Netzgeneratorprogramm erzeugt, das die spezielle symmetrische Konstruktion berücksichtigt, wobei Kuppeln mit einer vorzugebenden Anzahl von Ringen und Sektoren generiert werden können. Für rotationssysmmetrische Bauteile läßt sich in der Regel ein Netzgenerator recht einfach erstellen.

Die Kuppel ist in den Bildern 10-5 und 10-6 mit Hilfe eines PLOT-Programms dargestellt. Das regelmäßig wiederkehrende Konstruktionselement ist ein doppeltes Trapez.

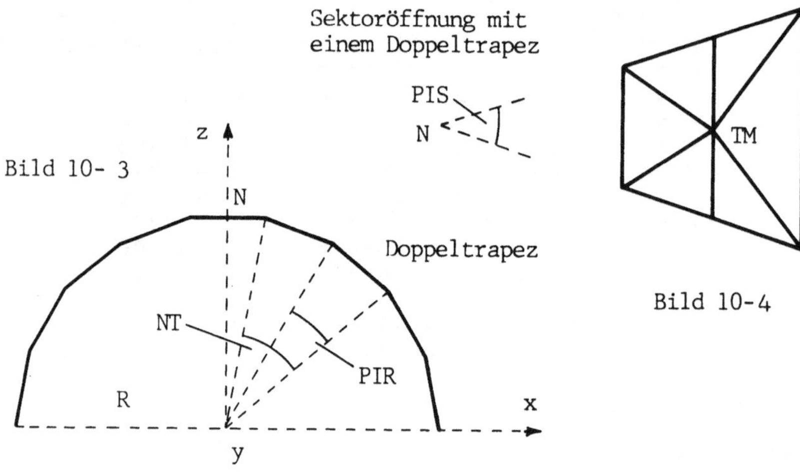

Jeder Sektor besteht aus einer Anzahl NK von Doppeltrapezen, die Kuppel insgesamt aus NS Sektoren. Die Anzahl der Trapeze am Meridian ist der ganzzahlige Anteil von 180/NT. Gibt man ein Doppeltrapez über seine Winkelöffnung NT (Grad) am Meridian vor, ist der halbe Winkel PIR (Bogenmaß), PIR = NT·π/360 . Die Kuppel hat oben einen Öffnungswinkel von (90 - NK $*$ NT) $*$ 2 Grad.

Das Programm ist für eine gerade Anzahl von Sektoren ausgelegt. Es erzeugt eine komplette Eingabestruktur für das FEM-Programm mit allen 5 Datenblöcken und ist für den Dialogbetrieb am Bildschirm gedacht, wobei man die Eingabeanweisungen z.B. FORTRAN 77 entsprechend gestalten sollte:

```
READ * , R , NT , NS        usw. ,
```

um die Eingabe am Bildschirm bequem handhaben zu können. Dabei ist der
Dateinummer 5 die Bildschirmeingabe über Tastatur und der Dateinummer 6
die Bildschirmausgabe zuzuordnen. Erzeugt wird die gesamte Kuppel, da auch
nichtsymmetrische Lastfälle zu untersuchen sind.

Eingabe im Dialog (Beispieldaten für die Kuppel aus [5]):

```
GIB RADIUS , WINKELOEFFNUNG TRAPEZ , ANZAHL SEKTOREN:
12000.        40    12
KUPPELOEFFNUNG =   20 GRAD ZU KLEIN ?:
n                                                              Eingabe
GIB 5 RINGKNOTENLASTEN, VON AUSSEN NACH INNEN:
-13000.   -24000.   -20000.   -16000.   -14000.
GIB E-MODUL , QUERSCHNITTSFLAECHE:
210000.   1000.
```

Die einzugebenden Lasten wirken in z-Richtung auf den Knoten der Ringe
([5] , S.26-27). Die Mittelpunkte TM der Doppeltrapeze sind dabei ausge-
nommen. Die erzeugten Randbedingungen sind dem Bild 10-5 zu entnehmen. Die
Strukturausgabe für obiges Beispiel ist:

```
KOOR
    1      12000.000       0.0        0.0
           :              :
*  84       1804.605   -1041.889  11817.693
FLEM
    1    1    2    1    2
           :
* 228    1    2   84   73
BELA
   13    1    0.0        0.0     -24000.
           :
*  84    1    0.0        0.0     -14000.
RAND
    1    X             0.0     Z         0.0
           :
*  12    Y             0.0     Z         0.0
REFE
*   1              4.00 210000.00   1000.00
ENDE
```

Die Struktur kann leicht als System aus Balken berechnet werden. Hierzu
sind nur die Referenzeintragungen auf den Elementtyp 9. zu ändern. Auch
läßt sich das Programm leicht dahingehend ändern, daß eine kombinierte
Stab-Balken-Struktur entsteht, wobei z.B. die Diagonalen im Trapez aus
Stabelementen bestehen, der Rest aus Balkenelementen.

```
10          DIMENSION X(31),Y(31),K(10,2),BE(21)
20          DATA XJ /'J'/
30          PI = 3.141592654
40  50      WRITE (6,1)
50  1       FORMAT (1H ,'GIB RADIUS, WINKELOEFFNUNG TRAPEZ',
60          *              ' ANZAHL SEKTOREN')
70          READ (5,2) R , NT , NS
80  2       FORMAT (F10.0,2I5)
90  C--------ZAHL DER TRAPEZE AM MERIDIAN
100         NK = 90/NT
110         XKU = (90. - NK*NT)*2.
120         WRITE (6,3) XKU
130 3       FORMAT (1H0,10X,'KUPPELOEFFNUNG= ',F5.1,
140         *              ' GRAD ZU KLEIN ?')
150         READ (5,4) TE
160 4       FORMAT (A1)
170         IF(TE.EQ.XJ) GOTO 50
180         MK = 2*NK + 1
190 C--------MERIDIANWINKEL DES TRAPEZES IM BOGENMASS
200         PIR = PI*NT/360.
210 C
220 C   KNOTENKOORDINATEN
230 C
240 C--------KNOTENANZAHL
250         LKNO = NS*(3*NK + 1)
260         WRITE (10,5)
270 5       FORMAT ('KOOR')
280         I = 1
290         DO 200 J = 1,MK
300         RXY = R*COS(PIR*(J-1))
310         RZ = R*SIN(PIR*(J-1))
320         NS1 = NS + 1
330         PIS = 2.*PI/NS
340         DO 100 M = 1,NS1
350         X(M) = RXY*COS(PIS*(M-1))
360 100     Y(M) = RXY*SIN(PIS*(M-1))
370         DO 200 M = 1,NS
380         IF(I.NE.LKNO) GOTO 150
390 C--------LETZTER SATZ IM DATENBLOCK KOOR
400         WRITE (10,6) I , X(M) , Y(M) , RZ
410 6       FORMAT ('*',I4,5X,3F10.3)
420         GOTO 200
430 150     WRITE (10,7) I , X(M) , Y(M) , RZ
440 7       FORMAT (I5,5X,3F10.3)
450 170     I = I + 1
460         IF (J .NE. 2*INT(J/2.)) GOTO 200
470 C--------ZWISCHENKNOTEN FUER DIE VERSTEIFUNGSSTAEBE
480         XM = (X(M) + X(M+1))/2.
490         YM = (Y(M) + Y(M+1))/2.
500         WRITE (10,7) I , XM , YM , RZ
510         I = I + 1
520 200     CONTINUE
530 C
540 C   ELEMENT-KNOTEN-ZUORDNUNG
550 C
560 C--------ZAHL DER ELEMENTE
570         LELE = (NK*9 + 1)* NS
```

```
580         WRITE (10,8)
590 8       FORMAT ('ELEM')
600         IRE = 1
610         KN = 2
620         J = 1
630         DO 300 I = 1,NS
640 C----------- 9 ELEMENTE EINES TRAPEZES
650         K(1,1) = I
660         K(1,2) = I + 1
670 C----------- KNOTENZUORDNUNG IM LETZTEN SEKTOR
680         IF(I.EQ.NS) K(1,2) = 1
690         K(2,1) = I
700         K(2,2) = 2*I + NS - 1
710         K(3,1) = I
720         K(3,2) = 2*I + NS
730         K(4,1) = K(1,2)
740         K(4,2) = 2*I + NS
750         K(5,1) = 2*I + NS - 1
760         K(5,2) = 2*I + NS
770         K(6,1) = 2*I + NS
780         K(6,2) = 2*I + NS + 1
790         IF(I.EQ.NS) K(6,2) = NS + 1
800         K(7,1) = 2*I + NS - 1
810         K(7,2) = I + 3*NS
820         K(8,1) = I + 3*NS
830         K(8,2) = 2*I + NS
840         K(9,1) = 2*I + NS
850         K(9,2) = I + 1 + 3*NS
860         IF(I.EQ.NS) K(9,2) = 1 + 3*NS
870         DO 210 L = 1,9
880         WRITE (10,9) J , IRE , KN , K(L,1) , K(L,2)
890 9       FORMAT (5I5)
900 210     J = J + 1
910 C----------- KNOTENZUORDNUNG DER FOLGENDEN TRAPEZE
920 C----------- IN MERIDIANRICHTUNG
930         DO 230 M = 2,NK
940         DO 230 L = 1,9
950         K(L,1) = K(L,1) + 3*NS
960         K(L,2) = K(L,2) + 3*NS
970         WRITE (10,9) J , IRE , KN , K(L,1) , K(L,2)
980 230     J = J + 1
990 C----------- LETZTES ELEMENT OBEN IN KUPPELOEFFNUNG
1000        K(10,1) = I + NK*NS*3
1010        K(10,2) = I + NK*NS*3 + 1
1020        IF(I.EQ.NS) K(10,2) = I + NK*NS*3 + 1 - NS
1030        IF(J.NE.LELE) GOTO 305
1040 C----------- LETZTER SATZ IM DATENBLOCK ELEM
1050        WRITE (10,10) J , IRE ,KN , K(10,1) ,K(10,2)
1060        GOTO 310
1070 10      FORMAT ('*',T4,4I5)
1080 305     WRITE (10,9) J , IRE , KN , K(10,1) , K(10,2)
1090 300     J = J + 1
1100 C
1110 C          DATENBLOCK BELA
1120 C
1130 310     WRITE (6,11) MK
1140 11      FORMAT (1H ,'GIB ',I2,' RINGKNOTENLASTEN,'
1150        *          ' VON AUSSEN NACH INNEN')
```

```
1160          READ (5,12) (BE(L) , L = 1,MK)
1170 12       FORMAT (8F10.0)
1180          LA = 1
1190          WRITE (10,13)
1200 13       FORMAT ('BELA')
1210 C-------------- LASTEN AUF RINGEN MIT ZWISCHENKNOTEN
1220          DO 500 J = 2,MK,2
1230          IA = NS + 1 + (J/2-1)*3*NS
1240          IE = IA + 2*NS - 1
1250          DO 500 I = IA,IE,2
1260 500      WRITE (10,14) I , LA , BE(J)
1270 14       FORMAT (2I5,20X,F10.1)
1280 C----------- LASTEN AUF RINGEN OHNE ZWISCHENKNOTEN
1290          DO 400 J = 1,MK,2
1300          IA =  1 + (J/2)*3*NS
1310          IE = IA + NS - 1
1320          DO 400 I = IA,IE
1330          IF (I.NE.LKNO) GOTO 400
1340 C----------- LETZTER SATZ IM DATENBLOCK BELA
1350          WRITE (10,15) I , LA , BE(J)
1360          GOTO 410
1370 15       FORMAT ('*',I4,I5,20X,F10.1)
1380 400      WRITE (10,14) I , LA , BE(J)
1390 C
1400 C             DATENBLOCK RAND
1410 C
1420 410      WRITE (10,16)
1430 16       FORMAT ('RAND')
1440 C----------- AUFLAGERKNOTEN IN X-,Z-RICHTUNG FEST
1450          DO 600 J = 1,NS,2
1460 600      WRITE (10,17) J
1470 17       FORMAT (I5,5X,'X',19X,'Z')
1480 C----------- AUFLAGERKNOTEN, IN Y-,Z-RICHTUNG FEST
1490          DO 700 J = 2,NS,2
1500          IF (J.NE.NS) GOTO 700
1510 C----------- LETZTER SATZ IM DATENBLOCK RAND
1520          WRITE (10,18) J
1530 18       FORMAT ('*',I4,5X,'Y',19X,'Z')
1540          GOTO 710
1550 700      WRITE (10,19) J
1560 19       FORMAT (I5,5X,'Y',19X,'Z')
1570 C
1580 C             DATENBLOCK REFE
1590 C
1600 710      WRITE (10,20)
1610 20       FORMAT ('REFE')
1620          WRITE (6,21)
1630 21       FORMAT (1H ,'GIB E-MODUL, QUERSCHNITTSFLAECHE')
1640          READ (5,22) EM , QU
1650 22       FORMAT (2F10.0)
1660          WRITE (10,23) EM , QU
1670 23       FORMAT ('*',3X,'1',5X,'4.',8X,2F10.1)
1680          WRITE (10,24)
1690 24       FORMAT ('ENDE')
1700          STOP
1710          END
```

Kuppel

Draufsicht

Maßstab 0.05 : 1

Die Knoten 1 , 3 , 5 , 7 , 9 , 11 werden in x- und z-Richtung, die
Knoten 2 , 4 , 6 , 8 , 10 , 12 in y- und z-Richtung festgehalten.
Der Radius des Kuppeldachs ist 12000 mm , der Öffnungswinkel eines
Doppeltrapezes am Meridian beträgt 40^0, es wurden 12 Sektoren auf
dem Umfang gewählt. Das Material hat einen E-Modul E = 210000 N/mm^2,
die Stäbe haben einen Querschnitt von A = 1000 mm^2.

   Die Knotenlasten wirken in negativer z-Richtung:

-13000 N auf den Knoten 1 , 2 , 3 , ... , 12,

-24000 N auf den Knoten 13 , 15 , 17 , ... , 33 , 35,

-20000 N auf den Knoten 37 , 38 , 39 , ... , 48,

-16000 N auf den Knoten 49 , 51 , 53 , ... , 69 , 71,

-14000 N auf den Knoten 73 , 74 , 75 , ... , 83   .

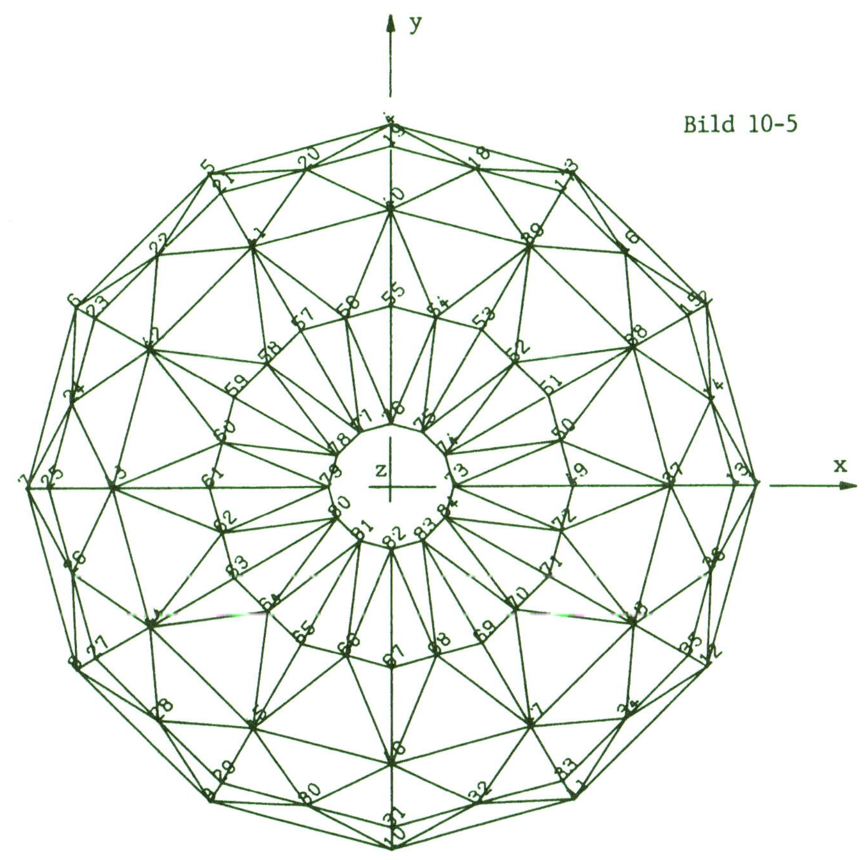

Bild 10-5

Kuppel

Seitenansicht

Maßstab 0.05 : 1

Schnittebene in y-z   ,   geschnitten zwischen x= -50 und x = -12100 mm

Die Verschiebungen wurden mit dem Faktor 110 gestreckt.

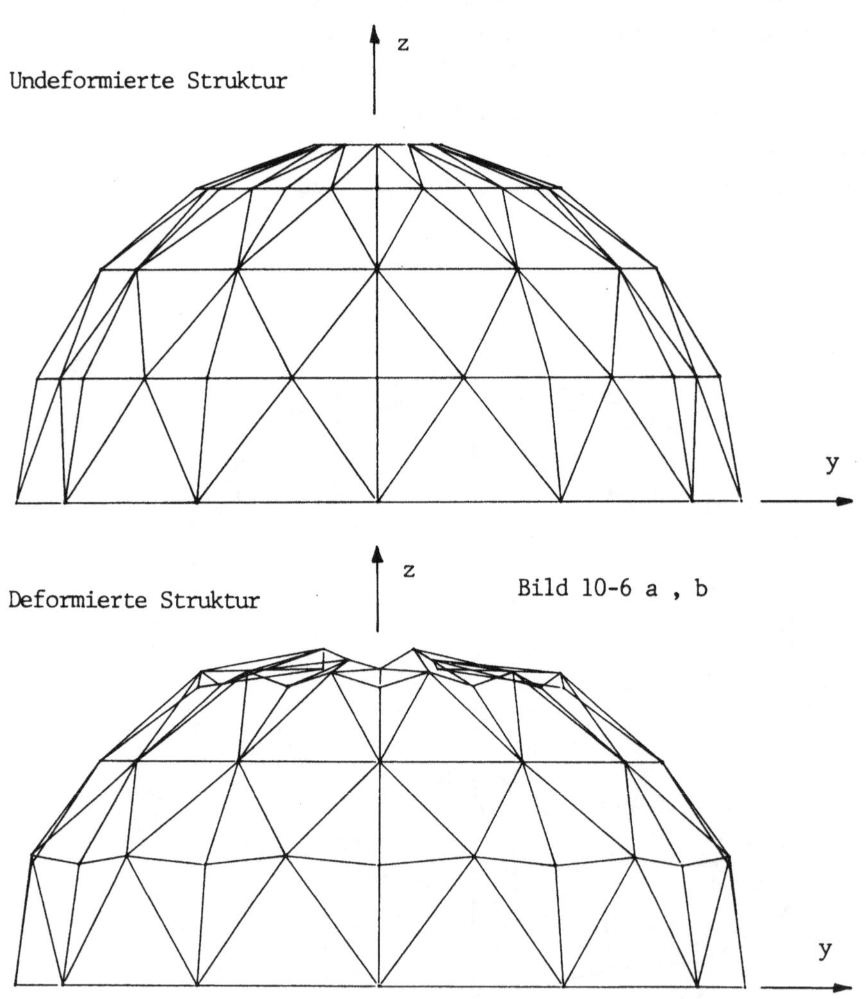

11 UMGESTALTUNG UND ERWEITERUNG DES PROGRAMMS

11.1 *Knotenkoordinaten auf externem Datenträger*

Im COMMON-Bereich /FELD/ entsteht der größte Bedarf an Speicher-
plätzen. Die Größen der Felder A und D können in Abhängigkeit von der zu
erwartenden Bandbreite der Struktur festgelegt werden. Eine weitere Spei-
chereinsparung kann erreicht werden, wenn das Feld XKN(1000) auf einen
externen Datenträger als direkt organisierte Datei ausgelagert wird. Dadurch
wird entweder das Programm im Hauptspeicher kleiner oder das Feld V(1000)
kann z.B. auf V(2000) vergrößert werden.

Wir nehmen an, daß die Knotenkoordinaten in eine direkt organisierte
Datei mit der Dateinummer 51 gerettet werden, wobei wir beispielhaft
maximal 3000 Sätze vereinbaren. Jeder Satz hat die Länge von KOANZ Worten,
wobei KOANZ die Anzahl der Koordinaten des globalen Koordinatensystems
ist. Im Unterprogramm EINGAB ist daher folgende Anweisung zusätzlich in
Zeile 10405 einzutragen:

```
10405       DEFINE FILE 51 (3000 , KOANZ , W , NZ )
```

NZ ist die assoziierte Variable.

Die folgenden Zugriffe zum Feld XKN müssen ersetzt werden:

a) Die Zeilen 10800 bis 10810 werden ersetzt durch

```
10800       WRITE (51'I1) (S(J) , J = 1,KOANZ)
```

b) Die Zeilen 20230 bis 20245 werden ersetzt durch

```
20230       NZ = I4(M)
20235       IF (NZ.GT.KGRNR) GOTO 9000
20240       READ (51'NZ) (X(M,J) , J = 1,KOANZ)
```

c) Die Zeilen 85180 bis 85190 werden ersetzt durch

```
85180       NZ = I4(M)
85185       READ (51'NZ) (X(M,J) , J = 1,KOANZ)
```

d) In allen Programmsegmenten wird im COMMON-Bereich /FELD/ das Feld
   XKN(1000) gestrichen. Die Zeilen 310 und 10850 bis 10870 sind nun auch
   überflüssig.

Die Befehlseingabe über die Datei mit der Dateinummer 5 und die Struktureingabe über die Datei mit der Dateinummer 50 können natürlich in einer
Eingabedatei z.B. mit der Dateinummer 50 zusammengefaßt werden. Dann ergibt sich die folgende Eingabestruktur:

```
*DRUCK,RELE=   ...
*TYPEN,KOANZ= ...
KOOR
  :
ELEM
  :
REFE
  :
BELA
  :
RAND
  :
ENDE
```

Die beiden Steuerbefehle *DRUCK und *TYPEN müssen die beiden ersten Sätze
in der Eingabedatei sein. Der Nachteil dieser Lösung ist, daß man für
jede zu berechnende Struktur diese beiden Sätze voranstellen muß.

   Im Quellprogramm ergeben sich Änderungen:

a) Die Zeile 325 ändert sich in

```
     325        READ (50,1) BEF , RELE , AUST , AUVE , AUSP , AULA , PLOT
```

b) Die Zeile 375 ändert sich in

```
     375        READ (50,3) BEF , KOANZ , FREI , ANZA , (ETYP(J),J=1,2)
```

c) Die Zeilen 420 bis 430 entfallen.

Die Eingabe der Strukturdaten des Programms aus Abschnitt 9 ist dahingehend organisiert, daß die Datenblöcke nacheinander eingelesen werden
und deren Inhalte dabei überprüft werden. Der gesamte Datenblock ELEM
wird in eine externe sequentielle Datei mit der Dateinummer 52 gerettet.
Im Abschnitt 11.1 wurde beschrieben, wie auch der Datenblock KOOR in einer
Datei gespeichert werden kann. Die Datenblöcke REFE , BELA und RAND hingegen werden im Programm in Feldern gehalten.

Zumindestens der Datenblock ELEM und gegebenenfalls auch der Datenblock KOOR sind auf diese Weise zweifach extern gespeichert, was zusätzlichen externen Speicher und höhere E/A - Zeiten bedeutet. Das Abspeichern
des Datenblocks ELEM und eventuell KOOR können wir uns ersparen, wenn wir
die Eingabedatei '50' als direkt organisierte Datei erzeugen. Auf diese
Datei findet im Programm zunächst ein Prüflesen statt, wie es bisher im
Unterprogramm EINGAB erfolgt. Dabei werden die Anfangssatzadressen der
Datenblöcke und die Anzahl ihrer Sätze festgestellt, mit deren Hilfe dann
später z.B. beim Erstellen der GS-Matrix die Daten aus den Blöcken über
die Satzadresse eingelesen werden können. Die Datenblöcke REFE , BELA
und RAND sollten allerdings weiterhin im Programm gehalten werden, d.h.
nach dem Prüflesen in die bereitgestellten Felder gebracht werden.

Die Programmänderungen, hauptsächlich im Unterprogramm EINGAB, sind
nicht schwierig, allerdings umfangreich, so daß sie hier nicht aufgeführt werden können. Durch die vorgeschlagene Änderung würden die Datei
'52' und gegebenenfalls die Datei '51' (siehe Abschnitt 11.1) wegfallen
können.

Andererseits bringt dieser Vorschlag zur Organisation der Eingabedaten dann Nachteile, wenn die Struktur mit einem Folgeprogramm ge-
zeichnet werden soll. In diesem Fall ist es zweckmäßig, die Datenblöcke
ELEM , REFE und KOOR doch in getrennten externen Dateien zu speichern, da
das nachfolgende Zeichenprogramm diese Daten benötigt und sie nicht ein
weiteres Mal in der Strukturdatei '50' gesucht werden müssen.

11.4 *Verbesserung der Feldorganisation*

Die Speicherplatzreservierung in Zeile 260,

$$\text{COMMON} \quad /\text{FELD}/ \quad A(84) \; , \; D(3570) \; , \; V(1000) \; , \; XKN(1000)$$

ist insofern nicht optimal organisiert, als z.B. die Bandbreite einer
Struktur größer als 84 ist, aber die Felder V und XKN unterbelegt sind.
Wir können die Ausnutzung der Felder verbessern, wenn wir sie in einem
einzigen Feld zusammenfassen, z.B.

$$\text{COMMON} \quad /\text{FELD}/ \quad \text{COM}(5000) \qquad .$$

Dadurch können größere Strukturen berechnet werden, ohne daß die Felder
A und D vergößert werden müssen.

Um die einzelnen Datenbereiche im Feld COM auffinden zu können, muß im
Unterprogramm EINGAB beim Einlesen der zugehörigen Datenbereiche KOOR
und ELEM ein Adresszeiger aufgebaut werden, der die Anfangsadresse der
Datenbereiche innerhalb COM enthält. Beim Einlesen von KOOR wird die maximale Knotennummer KGRNR festgestellt, womit dann die Anzahl der abzuspeichernden Koordinatenwerte bekannt ist:

$$\text{LKOOR} \; = \; \text{KGRNR} * \text{KOANZ} \qquad .$$

Gleichzeitig können wir auch die Anzahl der Verschiebungskomponenten berechnen:

$$\text{LGS} \; = \; \text{KGRNR} * \text{FREI} \qquad .$$

Dies entspricht der Zeilen- und Spaltenanzahl der GS-Matrix. Nach der Eingabe des Datenblocks ELEM wird aus der maximalen Knotenzahldifferenz ML
die Bandbreite der GS-Matrix in Zeile 11355 berechnet:

$$\text{MBAND} \; = \; (\text{ML} + 1)*\text{FREI} \qquad .$$

Dies ist die Länge des von A benötigten Teils. Mit MBAND haben wir auch
sofort den Speicherumfang für das "Dreieck" D:

$$\text{LD} \; = \; \text{MBAND}*(\text{MBAND} + 1)/2 \qquad .$$

Die Anfangsadressen der Datenbereiche innerhalb von COM werden in
einem Zeigerfeld abgespeichert, das wir durch

DIMENSION LZEI(4)

vereinbaren. Dabei haben die einzelnen Komponenten die folgende Bedeutung:

LZEI(1)	Anfangsadresse von A
LZEI(2)	Anfangsadresse von D
LZEI(3)	Anfangsadresse der Koordinaten
LZEI(4)	Anfangsadresse der Verschiebungen .

Die Datenblöcke können in beliebiger Reihenfolge in der Eingabedatei
stehen. Dementsprechend erfolgt auch die Einteilung innerhalb COM. Nehmen
wir z.B. an, daß zunächst der Datenblock KOOR und danach der Datenblock
ELEM eingelesen werden. Dann erhält der Zeiger LZEI die Inhalte

$$
\begin{aligned}
\text{LZEI(1)} &= \text{LGS + LKOOR + 1} \\
\text{LZEI(2)} &= \text{LGS + LKOOR + MBAND + 1} \\
\text{LZEI(3)} &= 1 \\
\text{LZEI(4)} &= \text{LKOOR + 1}
\end{aligned}
$$

COM

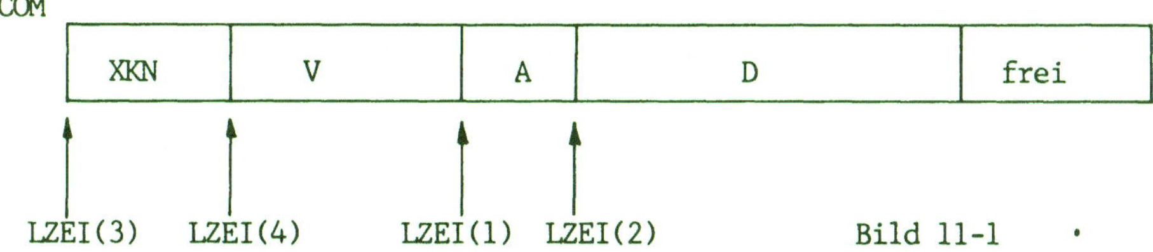

Bild 11-1   .

Nach der Eingabe der Strukturdaten muß geprüft werden, ob

$$
\text{LKOOR + LGS + MBAND + MBAND*(MBAND + 1)/2} \le \text{Feldlänge von COM}
$$

erfüllt ist. Natürlich muß im gesamten Programm der Zugriff auf diese
Daten über den Zeiger LZEI organisiert werden.

Das Programm wurde auf einem Personalcomputer vom Typ IBM-PC mit einem Arbeitsspeicher von 256 K Bytes getestet, wobei die CPU nicht mit einem Co-Prozessor ausgerüstet ist. Als Massenspeicher sind 2 Floppy-Disk-Laufwerke mit je 360 K Bytes formatierter Kapazität vorhanden. Der Rechner wurde mit dem Betriebssystem MS-DOS 2.0 betrieben, als Compiler stand MS-FORTRAN (77) 2.0 zur Verfügung.

Das Quellprogramm, in FORTRAN IV geschrieben, wurde daher auf FORTRAN 77 umgestellt, wobei hauptsächlich Änderungen in den E/A-Anweisungen und den CHARACTER-Variablen notwendig waren. Gegenüber der Version im Abschnitt 9 wurde das Programm zu Testzwecken insofern verkleinert, als der COMMON-Bereich /FELD/ für die Testversion verändert wurde:

$$COMMON \ /FELD/ \ A(60) \ , \ D(1830) \ , \ V(500) \ , \ XKN(500)$$

Das Quellprogramm belegt rund 66K Bytes auf der Diskette, wohingegen das übersetzte und gebundene Programm rund 78,5 K Bytes benötigt. Der COMMON-Bereich /FELD/ kann also je nach Arbeitsspeichergröße noch erheblich vergrößert werden, die jeweiligen Obergrenzen muß der Benutzer für seinen PC austesten. Mögliche OVERLAY-Eigenschaften des LINK-Programms könnten das Programm im Arbeitsspeicher noch kleiner halten, so daß wiederum größere Strukturen berechnet werden können.

Engpässe gibt es bei den Floppy-Disk-Laufwerken hinsichtlich des Compile- und Link-Laufs. Hierzu sei gesagt, daß die beiden jeweils benutzten Disketten nur die Programme und Dateien enthalten sollten, die für den entsprechenden Lauf gebraucht werden. Da der zweite FORTRAN-Durchlauf (PASS 2) sehr große temporäre Dateien erzeugt, wurde das Quellprogramm in 3 etwa gleich große Teile zerlegt, die einzeln übersetzt und dann im Linklauf zusammengefaßt wurden. Problemlos ist dagegen die Benutzung einer Festplatte.

Änderungen im Quellprogramm geben wir durch Auflisten der geänderten und hinzugefügten Programmzeilen an. Diese Programmversion wurde allerdings nur mit wenigen Beispielen getestet, so daß absolute Fehlerfreiheit nicht gewährleistet ist.

Hauptprogramm

```
245           INTEGER ANZA , FREI
246           CHARACTER RELE , AUST , AUVE , AUSP , AULA , PLOT , NT , JA
247           CHARACTER *2  NAME , NARA
248           CHARACTER *4  BEF , DRU , TYP

260           COMMON /FELD/  A(60) , D(1830) , V(500) , XKN(500)

286           OPEN (5,FILE='   ',STATUS='OLD',ACCESS='SEQUENTIAL'
287          *          ,FORM='FORMATTED')
288           OPEN (6,FILE='OUTPUT',STATUS='NEW')

295           LAD=1830
300           LAX=500
305           LAV=500

466           CLOSE (5,STATUS='KEEP')

471           CLOSE (50,STATUS='KEEP')

620           CALL RAND1 (AULA)

705           CALL BELA1 (LF , NBE , NSOLL)

756           CLOSE (80,STATUS='DELETE')
757           CLOSE(52,STATUS='DELETE')
```

Der COMMON-Bereich /FELD/ muß im gesamten Programm wie oben geändert
werden und wird im folgenden nicht mehr angegeben.

Unterprogramm EINGAB

```
10350         INTEGER ANZA , FREI
10355         CHARACTER STERN , NEIN , AUST , IST
10356         CHARACTER*2  NAME , NARA , NBLANK
10357         CHARACTER*4  KOOR , ELEM , REFE , RAND , BELA , ENDE , MTEXT

10436         OPEN (50,FILE='   ',STATUS='OLD',ACCESS='SEQUENTIAL'
10437        *          ,FORM='FORMATTED')
10438         OPEN (52,FILE='ELEM',STATUS='NEW',ACCESS='SEQUENTIAL'
10439        *          ,FORM='UNFORMATTED')

11357         ENDFILE 52
```

Unterprogramm GESAMT

Da in MS-FORTRAN 77 nicht die alternative Rücksprunganweisung RETURN n
realisiert ist, ergeben sich hier folgende Änderungen:

```
20150         CHARACTER *2  NAME
20155         OPEN (70,FILE='GESAMT',STATUS='NEW',ACCESS='DIRECT'
20156        *          ,FORM='UNFORMATTED',RECL=MBAND*4)
```

```
20180        DO 1000 M = 1,LGS
20181 1000   V(M) = 0.

20275 3100   IF (REF(I2,1) .NE. 4.) GOTO 3110
20280        CALL STAB (X , REF(I2,2) , REF(I2,3))
20281        GOTO 3200
20285 3110   IF (REF(I2,1) .NE. 1.) GOTO 3120
20290        CALL DREI (X , REF(I2,2) , REF(I2,3) , REF(I2,4))
20291        GOTO 3200
20295 3120   IF (.NOT.(REF(I2,1) .EQ. 9. .AND. FREI .EQ. 3)) GOTO 3130
20300        CALL BALK2 (X , REF(I2,2) , REF(I2,3) , REF(I2,4))
20301        GOTO 3200
20305 3130   IF (.NOT.(REF(I2,1) .EQ. 9. .AND. FREI .EQ. 6) GOTO 3140
20310        CALL BALK3 (X , REF(I2,2) , REF(I2,3) , REF(I2,4) ,
20315      *             REF(I2,5) , REF(I2,6) , REF(I2,7))
20316        GOTO 3200
20320 3140   CALL ESNEU (REF(I2,1))

20384        IF (V(NZEI) .GT. 0.) THEN
20385            READ (70 , REC = NZEI)  (A(L) , L = 1,MBAND)
20390        ELSE

20428        ENDIF

20540        WRITE (70 , REC = NZEI)  (A(K) , K = 1,MBAND)
20541        V(NZEI) = 1.
```

Unterprogramm STAB

```
30135        SUBROUTINE STAB (X , E , AR)

30170        CHARACTER *2  NAME

30450        RETURN

30520        RETURN
```

Unterprogramm DREI

```
32105        SUBROUTINE DREI (X , DI , E , Q)

32135        CHARACTER *2  NAME

32355        RETURN
```

Unterprogramm BALK2

```
35110        SUBROUTINE BALK2 (X , E , AR , TRZ)

35145        CHARACTER *2  NAME

35375        RETURN
```

Unterprogramm BALK3

```
36140        SUBROUTINE BALK3 (X , E , AR , Q , TRZ , TRY , TRTO)

36175        CHARACTER *2  NAME

36585        RETURN
```

Unterprogramm RAND:

```
40105         SUBROUTINE RAND1 (AULA)
40110         INTEGER  FREI , ANZA
40115         CHARACTER  AULA , NEIN
40116         CHARACTER *2  NAME , NARA

40185         OPEN(80,FILE='RAND',STATUS='NEW',ACCESS='DIRECT'
40186       *         ,FORM='UNFORMATTED',RECL= MDA*4)

40290         READ (70 , REC = NZEI , ERR = 1000) (A(M) , M = 1 , MBAND)

40325         WRITE (80 , REC = NZEI)  (RB(M) , M = 1 , MDA)

40350 333     READ (70 , REC = NZEI , ERR = 1000)  (A(M) , M = 1 , MBAND)

40365         WRITE (70 , REC = NZEI)  (A(M) , M = 1 , MBAND)
```

Unterprogramm CHOLBA:

```
50050         CHARACTER *2  NAME
```

Unterprogramm DORG:

```
60047         CHARACTER *2  NAME
60160         IF (LW.EQ.1) WRITE (70 , REC = NZ - 1) (D(I) , I = N1 ,N2)
60170         READ (70 , REC = NZ)  (D(I) , I = N1 , N2)
```

Unterprogramm BELA:

```
70070         SUBROUTINE BELA1 (LF , NBE , NSOLL)

70080         CHARACTER *2  NAME , NARA
```

Unterprogramm VORRUE:

```
75105         INTEGER  FREI , ANZA
75106         CHARACTER  PLOT , NEIN , NAME *2

75410         CLOSE (70,STATUS='DELETE')
75420         OPEN (99,FILE='PLOT',STATUS='NEW',FORM='FORMATTED'
75412       *         ,ACCESS='SEQUENTIAL')

75330         READ (70 , REC = NZ)  (D(I) , I = 1 , LD)
```

Unterprogramm AUSVER:

```
80085         CHARACTER *2  NAME
```

Unterprogramm AUSSPA:

```
85075         CHARACTER *2  NAME

85220 400   IF (REF(I2,1) .NE. 4.)  GOTO 900
```

```
85225           CALL SPA4 (I1 , I4 , X , REF(I2,2) , REF(I2,3))
85226           GOTO 1000
85230 900       IF (REF(I2,1) .NE. 1.) GOTO 910
85235           CALL SPA1 (I1 ,I4 , X , REF(I2,3) , REF(I2,4))
85236           GOTO 1000
85240 910       IF (.NOT.(REF(I2,1) .EQ. 9. .AND. FREI .EQ. 3)) GOTO 920
85245           CALL SPA92 (I1 ,I4 , X , REF(I2,2) , REF(I2,3) , REF(I2,4))
85246           GOTO 1000
85250 920       IF (.NOT.(REF(I2,1) .EQ. 9. .AND. FREI .EQ. 6 )) GOTO 930
85255           CALL SPA3 (I1 ,I4 , X , L , REF(I2,2) , REF(I2,3) , REF(I2,4),
85260       *            REF(I2,5) , REF(I2,6) , REF(I2,7))
85261           GOTO 1000
85265 930       CALL SPANEU (REF(I2,1))
```

<u>Unterprogramm SPA4:</u>

```
90120           SUBROUTINE SPA4 (I1 , I4 , X , E , AR)
90135           CHARACTER *2  NAME
90345           RETURN
```

<u>Unterprogramm SPA92:</u>

```
91125           SUBROUTINE SPA92 (I1 , I4 , X , E , AR , TRZ)
91131           CHARACTER *2  NAME
91465           RETURN
```

<u>Unterprogramm SPA93:</u>

```
92150           SUBROUTINE SPA93 (I1,I4,X,L1,E,AR,Q,TRZ,TRY,TRTO)
92161           CHARACTER *2  NAME
92700           RETURN
```

<u>Unterprogramm SPA1:</u>

```
93125           SUBROUTINE SPA1 (I1 , I4 , X , E , Q)
93131           CHARACTER *2  NAME
93455           RETURN
```

<u>Unterprogramm AUFLAG:</u>

```
95090           CHARACTER *2  NAME
95195           READ (80 , REC = NZEI) (D(L) , L = 1 , MDA)
```

Die Programmänderungen wurden nicht unter dem zusätzlichen Gesichtspunkt der Optimierung des Programms vorgenommen. So könnte man z.B. für
das Feld NAME(6) einen eigenen COMMON-Bereich schaffen, der nur in
wenigen Unterprogrammen benötigt würde, so daß die neue Vereinbarung
CHARACTER *2 NAME an den meisten Stellen wegfallen könnte. Die Druckaus-
gabe wurde im Programm mit WRITE (6, ...) belassen und im Hauptprogramm
mit

$$\text{OPEN (6 , FILE = 'OUTPUT' , STATUS = 'NEW')}$$

eine Ausgabedatei definiert. Die Ergebnisse eines Programmlaufs kann man
sich mit einem Editor in der Datei OUTPUT anschauen. Alternativ könnten
wir für WRITE (6, ...) auch WRITE (* , ...) schreiben. Dann erscheint
die Ausgabe auf dem Bildschirm, ist danach aber nicht mehr verfügbar. Auch
mit den Block-IF-Strukturen aus FORTRAN 77 wie z.B. IF-THEN-ELSE ließe
sich einiges eleganter programmieren.

Die Programmversion aus Abschnitt 9 wurde auf einem Rechner vom Typ
TR 440 implementiert. Der TR 440 hat eine Wortlänge von 48 Bits, die für
REAL-Zahlen eine relative Genauigkeit von 10 Stellen bedeutet. Auf dem
IBM-PC werden für REAL*4 - Variablen 4 Bytes zu einer Einheit zusammengefaßt, so daß eine relative Genauigkeit von etwas mehr als 6 Stellen gegeben ist. Da dies für größere Strukturen nicht ausreicht, wird empfohlen,
alle REAL-Variablen als REAL*8 - Variablen (DOUBLE PRECISION) zu vereinbaren, so daß eine relative Genauigkeit von 15 Stellen erreicht wird. Hierzu muß in allen Programmsegmenten die Vereinbarung

$$\text{IMPLICIT REAL*8 (A-H , O-Z)}$$

jeweils im Vereinbarungsteil eingefügt werden. Durch diese Vereinbarung
wird natürlich der Speicherbedarf für die Menge der REAL - Variablen ver-
doppelt. Zusätzlich muß in Zeile 32210 im Unterprogramm DREI die Funktion
ABS durch DABS ersetzt werden. Die in diesem Abschnitt angegebenen zusätzlichen OPEN - Anweisungen für die Dateien '70' und '80' in den Zeilen
20155-20156 und 40185-40186 erhalten die neuen Satzlängen RECL = MBAND*8
bzw. RECL = MDA*8 .

Eine kleine Speicherersparnis kann auf der anderen Seite durch die
Vereinbarungen

$$\text{IMPLICIT INTEGER *2 (I - N)}$$
$$\text{INTEGER *2 ANZA , FREI}$$

erzielt werden.

Das Programm kann nur Einzellasten verarbeiten, die an Knotenpunkten angreifen. Die Verteilung der Lastkomponenten aus dem Datenblock BELA auf den Belastungsvektor der GS-Beziehung geschieht im Unterprogramm BELA.

Für viele Anwendungsbereiche der vorhandenen Elementtypen sind aber Linienlasten vorgegeben. Es werden Hinweise gegeben, wie Linienlasten in das Programm eingefügt werden können.

Zunächst muß die Eingabe dieses neuen Datentyps organisiert werden. Weitere Datenblöcke lassen sich sehr einfach in das Unterprogramm EINGAB integrieren. Für die Eingabe der Linienlasten schlagen wir folgenden Aufbau vor:

```
LILA
  :
  :
Angaben zu Linienlasten
  :
  :
*
```

Eingabeformat für eine Elementlinienlast:

Blank	Element- nummer	Knot.1	Knot.2	Lastfall	Last Knot.1 X Y Z	Last Knot.2 X Y Z
A1	I4	I5	I5	I5	3F10.0	3F10.0

Der letzte Satz im Datenblock wird in der ersten Stelle mit einem * gekennzeichnet.

<u>Linienlast am Scheibendreieck:</u>

Im Beispiel 6.11 des Abschnitts 6.2.4 werden die Knotenersatzkräfte für eine Linienlast berechnet. Es ist dabei zu beachten, daß die Linienlast vom Knoten 1 nach 2 auf ein lokales Koordinatensystem bezogen ist.

<u>Linienlast am Balken:</u>

Zur Berechnung der Ersatzknotenkräfte benutzen wir die Ergebnisse des Beispiels 6.10 aus Abschnitt 6.2.4 und des zweiten Teils von Abschnitt 5.4 . Auch hier beziehen sich die Ergebnisse auf ein lokales Koordinatensystem.

Aus dem bisher Gesagten ergibt sich folgender Aufbau für eine SUBROUTINE LILA, in der aus den Linienlasten die Knotenersatzkräfte berechnet und in den globalen Belastungsvektor eingetragen werden.

Die Linienlast ist durch die
beiden Vektoren $\vec{p}_1$ und $\vec{p}_2$, die
parallel zueinander sind, fest-
gelegt.

Bild 11-2

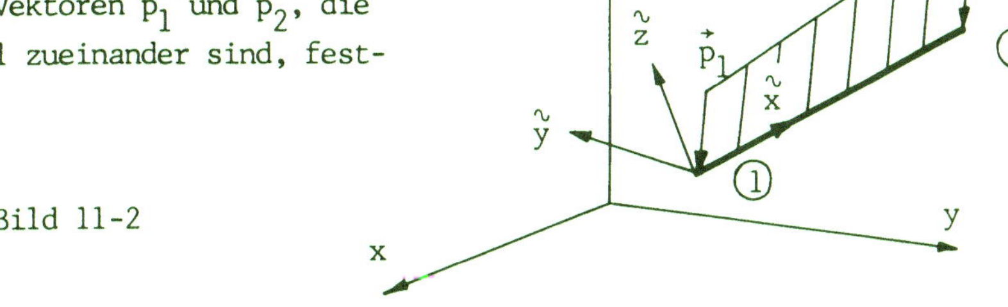

Die Angaben im Datenblock LILA werden im Unterprogramm EINGAB gelesen und
in Feldern abgelegt. Diese Daten werden vom Unterprogramm LILA übernommen.
Die beiden Lastvektoren $\vec{p}_1$ und $\vec{p}_2$ werden auf das lokale Koordinatensystem
(siehe Beispiele 6.10 , 6.11 und Abschnitt 5.4) umgerechnet. Hieraus ergeben sich die Knotenersatzkräfte im lokalen System, die in das globale
Koordinatensystem transformiert werden.

Wie im weiteren Verlauf des Abschnitts 5.4 erläutert wird, müssen
die Elementknotenkräfte, die über die zugehörige ES-Beziehung berechnet
werden, um die Ersatzkräfte korrigiert werden, damit sie sich auf die vor-
gegebenen Linienlasten beziehen. Mit den Ersatzknotenkräften

$$
\vec{F}_{ers} = \begin{bmatrix} \vec{F}_{ers,1} \\ \vec{F}_{ers,2} \end{bmatrix}
$$

ergeben sich die Elementknotenkräfte:

$$
\begin{bmatrix} \vec{F}_1 \\ \vec{F}_2 \end{bmatrix} = K_e \cdot \begin{bmatrix} \vec{d}_1 \\ \vec{d}_2 \end{bmatrix} - \begin{bmatrix} \vec{F}_{ers,1} \\ \vec{F}_{ers,2} \end{bmatrix} \quad .
$$

Der Aufruf des Unterprogramms LILA erfolgt im Hauptprogramm, zwischen
dem Aufruf der Unterprogramme BELA und VORRUE, z.B.

707   CALL LILA (LF , ...)   .

Wie das Beispiel im Abschnitt 10.4 eines Schubwandträgers zeigt, sind
Strukturen aus verschiedenen Elementtypen möglich. Eine Kombination aus
zweidimensionalen Stabelementen und ebenfalls zweidimensionalen Scheibendreiecken ist im Programm direkt verwendbar, weil beide Elementtypen pro
Knoten die gleiche Anzahl und Art von Freiheitsgraden, nämlich Verschiebungen in x- und y-Richtung, besitzen. Dagegen sind in keinem Fall Elementtypen unterschiedlicher Dimension (2D und 3D) miteinander kombinierbar.

In das Programm läßt sich relativ leicht die Kombination des Stabelements (2D) mit dem Balkenelement (2D) bzw. des Stabelements (3D) mit
dem Balkenelement (3D) einbauen. Dazu sind nur Änderungen im Unterprogramm
STAB notwendig.

Wir gehen von einem Balkensystem aus, in das zusätzlich Stabelemente
eingebracht werden sollen. Als Beispiel sei das Trapez als Konstruktionselement der Kuppel des Beispiels aus Abschnitt 10.6 angeführt, bei dem die
Umrandung aus Balken und die Diagonalen aus Stabelementen bestehen können.

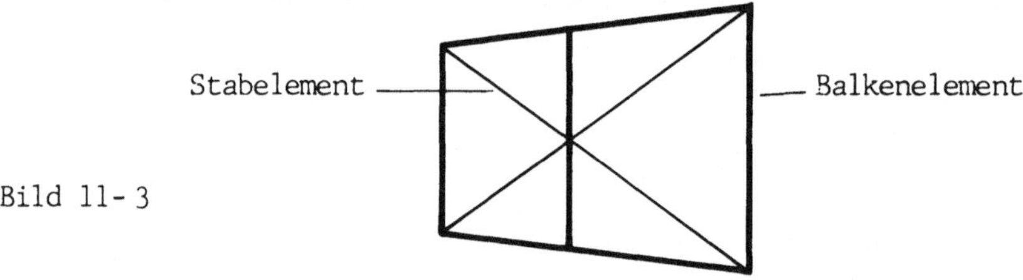

Bild 11- 3

Zur Erläuterung nehmen wir den zweidimensionalen Fall an. In einer Struktur aus Balken hat jeder Knoten die Freiheitsgrade

$$u \, , \quad v \, , \quad \gamma \, .$$

Ein zweidimensionales Stabelement besitzt in den Knoten die Freiheitsgrade

$$u \, , \quad v \, .$$

Die ES-Matrix des Stabelements ist eine (4,4)-Matrix:

$$K_e = \begin{bmatrix} k_{11} & k_{12} & k_{13} & k_{14} \\ k_{21} & k_{22} & k_{23} & k_{24} \\ k_{31} & k_{32} & k_{33} & k_{34} \\ k_{41} & k_{42} & k_{43} & k_{44} \end{bmatrix} \, .$$

Wir beziehen den dritten Freiheitsgrad γ ein, indem wir die Matrix K_e zu einer (6,6)-Matrix erweitern:

$$K_e^{erw} = \begin{bmatrix} k_{11} & k_{12} & 0 & k_{13} & k_{14} & 0 \\ k_{21} & k_{22} & 0 & k_{23} & k_{24} & 0 \\ 0 & 0 & 0 & 0 & 0 & 0 \\ k_{31} & k_{32} & 0 & k_{33} & k_{34} & 0 \\ k_{41} & k_{42} & 0 & k_{43} & k_{44} & 0 \\ 0 & 0 & 0 & 0 & 0 & 0 \end{bmatrix}$$

Dieser Vorgang kann im Unterprogramm STAB durchgeführt werden, und zwar für den Fall, daß im *TYPEN-Befehl KOANZ = 2 , FREI = 3 und ETYP = 4.9. eingetragen wurde. Nach dem Erstellen der GS-Matrix und Einarbeiten der Randbedingungen ist das reduzierte Gleichungssystem noch singulär. Wir müssen diejenigen Zeilen und Spalten zum Freiheitsgrad γ streichen, die zu Knoten gehören, an denen nur Stabelemente enden. Dies realisieren wir dadurch, daß wir im Unterprogramm DORG nach dem Einlesen einer Zeile der GS-Matrix in Zeile 60170 das Diagonalelement D(N1) auf den Wert 10^{30} setzen, falls es 0 ist. Wir erhalten dann für die Verdrehung in diesem Knoten den Wert 0.

Die im folgenden angegebenen Änderungen beziehen sich auf den zwei- und dreidimensionalen Fall für das Zusammenspiel von Stab und Balken:

Unterprogramm STAB:

a) Hinzufügen:

```
30168              I = 0
30169              IF (KOANZ.EQ.FREI) GOTO 50
30170              DO 30 I = 1,12
30171              DO 30 J = I,12
30172       30     ELST(I,J) = 0.
30173              I = 1
30174              IF (FREI.EQ.6) I = 3
30175       50     DZ = 0.
```

b) Ändern: In den Zeilen 30335 bis 30345, 30360 bis 30370 und und 30385 bis 30395 muß jeweils der zweite Index der Ergibtvariablen um I erhöht werden, z.B.

```
30335              ELST(1,4+I) = - ELST(1,1)
```

Dasselbe gilt für die Zeilen 30470 bis 30490, z.B.

```
30470      100     ELST(1,3+I) = - ELST(1,1)
```

In den Zeilen 30405 bis 30440 und 30500 bis 30515 müssen
jeweils beide Indizes der Ergibtvariablen um I erhöht
werden, z.B.

30415   ELST(4+I,6+I) = ELST(1,3)   .

In den Zeilen 30195 , 30245 und 30325 wird die Variable
FREI durch die Variable KOANZ ersetzt:

30195   IF (KOANZ .EQ. 3) DZ = X(2,3) - X(1,3)
30245   IF (KOANZ .EQ. 3) CGAMMA = DZ/STL
30325   IF (KOANZ .EQ. 2) GOTO 100   .

Unterprogramm DORG:

            Die Zeile
60172   IF (D(N1) .EQ. 0.0) D(N1) = 1.E30   wird eingefügt.

Unterprogramm SPA4:

            Die Zeilen 90185 und 90275 ändern sich in

90185   IF (KOANZ .EQ. 3) DZ = X(2,3) - X(1,3)
90275   IF (KOANZ .EQ. 3)
            *   DU = DU + CGAMMA * (V(N2+2) - V(N1+1))   .

Die Befehlseingabe für eine zweidimensionale Struktur aus Balken und
Stäben lautet

            *DRUCK,RELE=J,AUST=J,AUVE=J,AUSP=J,AULA=J,PLOT=N
            *TYPEN,KOANZ=2,FREI=3,ANZA=2,ETYP=4.9.,NAMEN=X Y WZ   .

Für den dreidimensionalen Fall ändert sich der *TYPEN-Befehl in

            *TYPEN,KOANZ=3;FREI=6,ANZA=2,ETYP=4.9.,NAMEN=X Y Z WXWYWZ   .

In der GS-Beziehung

$$\vec{G} \;=\; K_{ges} \cdot \vec{w} \qquad\qquad (5.33)$$

beziehen sich die Komponenten des Verschiebungsvektors $\vec{w}$ auf das globale
Koordinatensystem. Wir können daher im Programm Auflagerreaktionen nur in
Richtung der globalen Koordinatenachsen wählen. In diesem Abschnitt wird
beschrieben, wie Auflagerreaktionen in beliebiger Richtung im Programm
realisiert werden können.

Globales xy-Sytem ,

lokales $\overset{\sim}{xy}$-System für
das Auflager,

globale Verschiebungs-
komponenten u_i , v_i ,

lokale Verschiebungs-
komponenten $\tilde{u}_i$, $\tilde{v}_i$

äußere Last $\vec{G}_i$ im Knoten i

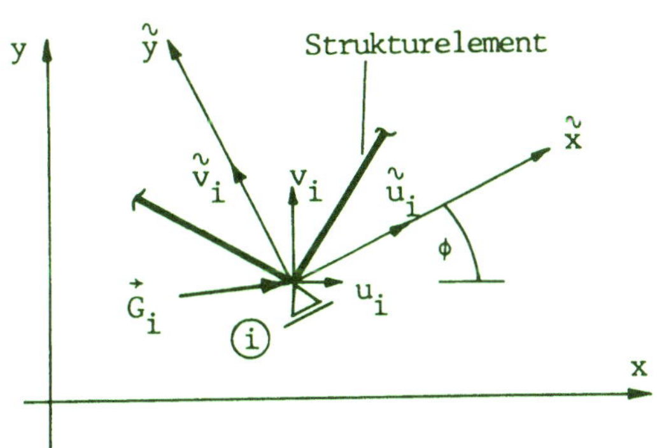

Bild 11-4

Wir beschreiben den Algorithmus für den zweidimensionalen Fall. Im
Knoten i der Struktur soll in Richtung der $\tilde{y}$ - Achse die Sollverschiebung
$\tilde{v}_i = 0$ angenommen werden. Die Richtung der Auflagerreaktion ist durch das
im Knoten i eingetragene lokale $\tilde{x}\tilde{y}$ - Koordinatensystem festgelegt. Die
lokale $\tilde{x}$ - Achse habe gegen die globale x-Achse den Winkel ϕ. Der Zusammenhang zwischen den lokalen und globalen Verschiebungen ist durch die
Transformationsmatrix (1.18) im Beispiel 1.14 gegeben:

$$\begin{bmatrix} \tilde{u}_i \\[1ex] \tilde{v}_i \end{bmatrix} \;=\; \begin{bmatrix} \cos\phi & \sin\phi \\[1ex] -\sin\phi & \cos\phi \end{bmatrix} \cdot \begin{bmatrix} u_i \\[1ex] v_i \end{bmatrix}$$

bzw.

$$\overset{\sim}{\vec{d}}_i \;=\; D_2 \cdot \vec{d}_i \qquad . \qquad\qquad (11.1)$$

Entsprechendes gilt für die auf das globale Koordinatensystem bezogene
äußere Last $\vec{G}_i$:

$$\begin{bmatrix} \tilde{G}_{xi} \\[1ex] \tilde{G}_{yi} \end{bmatrix} \;=\; D_2 \cdot \begin{bmatrix} G_{xi} \\[1ex] G_{yi} \end{bmatrix}$$

bzw.

$$\overset{\sim}{\vec{G}}_i \;=\; D_2 \cdot \vec{G}_i \qquad\qquad . \qquad\qquad (11.2)$$

Diese beiden Beziehungen betten wir in die GS-Beziehung (5.33) ein, indem
wir die Vektoren

$$\vec{G}{}^T \;=\; \left[\vec{G}_1, \;\dots\;, \vec{G}_{i-1}\,,\, \vec{G}_i\,,\, \vec{G}_{i+1}\,,\; \dots\;,\, \vec{G}_n \right] \;,$$

$$\vec{w}{}^T \;=\; \left[\vec{d}_1, \;\dots\;, \vec{d}_{i-1}\,,\, \vec{d}_i\,,\, \vec{d}_{i+1}\,,\; \dots\;,\, \vec{d}_n \right]$$

der GS-Beziehung (5.33) mittels (11.1) und (11.2) in die Vektoren

$$\overset{\sim}{\vec{G}}{}^T \;=\; \left[\vec{G}_1, \;\dots\;, \vec{G}_{i-1}\,,\, \overset{\sim}{\vec{G}}_i\,,\, \vec{G}_{i+1}\,,\; \dots\;,\, \vec{G}_n \right] \;,$$

$$\overset{\sim}{\vec{w}}{}^T \;=\; \left[\vec{d}_1, \;\dots\;, \vec{d}_{i-1}\,,\, \overset{\sim}{\vec{d}}_i\,,\, \vec{d}_{i+1}\,,\; \dots\;,\, \vec{d}_n \right]$$

transformieren, wobei wir die Transformationsmatrix D_2 erweitern zu der
Matrix

$$D_i \;=\; \begin{bmatrix} 1 & & & & & & & & \\ & 1 & & & & & 0 & & \\ & & \ddots & & & & & & \\ & & & 1 & & & & & \\ & & & & \cos\phi & \sin\phi & & & \\ & & & & -\sin\phi & \cos\phi & & & \\ & & 0 & & & & 1 & & \\ & & & & & & & \ddots & \\ & & & & & & & & 1 \end{bmatrix}$$

Die Beziehungen (11.1) und (11.2) gehen über in

$$\overset{\sim}{\vec{G}} \;=\; D_i \cdot \vec{G} \qquad \text{und} \qquad \overset{\sim}{\vec{w}} \;=\; D_i \cdot \vec{w} \qquad , \text{ so daß}$$

die GS-Beziehung (5.33) sich in

$$\overset{\sim}{\vec{G}} \;=\; D_i \cdot K_{ges} \cdot D_i^T \cdot \overset{\sim}{\vec{w}} \qquad\qquad (11.3)$$

ändert. In dieser Beziehung sind also die Verschiebungen und Kräfte im
Knoten i im $\tilde{x}\tilde{y}$ - System, alle anderen Verschiebungen und Kräfte im xy-
System erfaßt. Die Auflagerreaktion im Knoten i , d.h. $\tilde{v}_i = 0$, wird
durch Streichen der entsprechenden Zeile und Spalte bzw. durch Einsetzen
eines sehr großen Zahlenwertes im zugehörigen Diagonalelement realisiert.

Des weiteren ist im Belastungsvektor $\overset{\vee}{\vec{G}}$ anstelle des Vektors $\vec{G}_i$ der Vektor $\overset{\vee}{\vec{G}}_i$ einzutragen.

Wir berechnen die Matrix $\overset{\vee}{K}_{ges} = D_i \cdot K_{ges} \cdot D_i^T$. Für die zu u_i und v_i in K_{ges} gehörenden Zeilen und Spalten nehmen wir den Index k und k+1 an. Aus der Konstruktion von D_i ist zu erkennen, daß sich in K_{ges} nur die beiden Zeilen und Spalten mit den Indizes k und k+1 ändern:

$$
\overset{\vee}{K}_{ges} =
\begin{bmatrix}
 & \vdots & & \vdots & \\
 & \tilde{k}_{jk} & & \tilde{k}_{j,k+1} & \\
 & \vdots & & \vdots & \\
\cdots \tilde{k}_{kj} & \cdots \tilde{k}_{k,k} & \tilde{k}_{k,k+1} & \cdots & \\
\cdots \tilde{k}_{k+1,j} & \cdots \tilde{k}_{k+1,k} & \tilde{k}_{k+1,k+1} & \cdots & \\
 & \vdots & & \vdots & \\
\end{bmatrix}
\begin{matrix} - \tilde{u}_i \\ - \tilde{v}_i \end{matrix} \Big\rangle \text{ Knoten } i
$$

$$
\tilde{u}_i \qquad \tilde{v}_i
$$

Wegen der Forderung $\tilde{v}_i = 0$ können wir uns die Berechnung der k+1. Zeile und Spalte ersparen, es sei denn, die unbekannte Auflagerreaktion im Knoten i ist gefragt. Dann müßten wir aufgrund der Symmetrie von $\overset{\vee}{K}_{ges}$ die k+1. Zeile retten. Die Multiplikation $D_i \cdot K_{ges} \cdot D_i^T$ bringt

$$\tilde{k}_{jk} = \tilde{k}_{kj} = k_{jk} \cdot \cos\phi + k_{j,k+1} \cdot \sin\phi \quad ,$$

$$\tilde{k}_{j,k+1} = \tilde{k}_{k+1,j} = -k_{jk} \cdot \sin\phi + k_{j,k+1} \cdot \cos\phi$$

für $j = 1 , \ldots , n$, $j \neq k , k+1$ und

$$\tilde{k}_{kk} = k_{kk} \cdot \cos^2\phi + k_{k+1,k} \cdot \sin 2\phi + k_{k+1,k+1} \cdot \sin^2\phi \quad ,$$

$$\tilde{k}_{k,k+1} = \tilde{k}_{k+1,k} = k_{k,k+1} (\cos^2\phi - \sin^2\phi) + (k_{k+1,k+1} - k_{kk}) \cdot \sin\phi \cdot \cos\phi \quad ,$$

$$\tilde{k}_{k+1,k+1} = k_{kk} \cdot \sin^2\phi - k_{k,k+1} \cdot \sin 2\phi + k_{k+1,k+1} \cdot \cos^2\phi \quad .$$

Die Lösung des Gleichungssystems (11.3) bringt den Verschiebungsvektor

$$\overset{\sim}{\vec{w}}^T = \left[u_1, v_1, \ldots , \tilde{u}_i, 0 , \ldots , u_n, v_n \right] \quad ,$$

wobei wir das Lösungspaar $\tilde{u}_i, 0$ über (11.1) in das globale Koordinatensystem transformieren können: $\vec{d}_i = D_2^T \cdot \overset{\sim}{\vec{d}}_i$.

Um das Programm klein zu halten, sind die für die ES-Berechnung sowie für die Spannungsberechnung notwendigen Felder wie ELST(12,12) , X(3,3) und I4(3) so klein gehalten, daß sie für die vorhandenen Elementtypen gerade ausreichen.

Das Einfügen eines neuen Elementtyps läßt sich am einfachsten an einem Beispiel erläutern. Wir treffen für unseren Elementtyp folgende Annahmen:

Elementtypnummer	8.
Dimension (KOANZ)	3
Anzahl Knoten	5
Anzahl Freiheitsgrade pro Knoten (FREI)	4

Das Unterprogramm zur Berechnung der ES-Matrix hat folgenden Rahmen:

```
SUBROUTINE ES8 (X , REF2 , ... , REF7 , * )
INTEGER  FREI , ANZA
DIMENSION X(5,3)
COMMON /ES/ ELST (20,20)
COMMON /PAR/ KOANZ , FREI , ANZA , ETYP(3) , MBAND , LELE,
*    NAME(6) , LREF , LRAN , KGRNR , LGS , LAD , LAV , LAX
                 :
                 :

Anweisungen zur Berechnung von ELST

                 :
                 :

RETURN 1
END
```

In der Parameterliste wurden beispielhaft 6 Parameter aus dem Datenblock REFE angenommen.

Den Aufruf von ES8 können wir ab Zeile 20321 im Unterprogramm GESAMT eintragen:

```
20321      IF ( REF(I2,1) .EQ. 8.)
20322      * CALL ES8 ( X , REF(I2,2) , ... , REF(I2,7) , &3200 )
```

Das Unterprogramm zur Berechnung der Spannungen bekomme den Namen SPA8:

```
      SUBROUTINE SPA8 (I1 , I4 , X , REF2 , ... , REF7 , * )
      INTEGER FREI , ANZA
      DIMENSION X(5,3) , I4(5) , ...
      COMMON /FELD/ A(84) , D(3570) , V(1000) , XKN(1000)
      COMMON /PAR/  KOANZ , FREI , ANZA , ETYP(3) , MBAND , LELE ,
     *      NAME(6) , LREF , LRAN , KGRNR , LGS , LAD , LAV , LAX
                .
                .
                .
      Anweisungen zur Berechnung der Elementspannungen
                .
                .
                .
      RETURN 1
      END
```

Den Aufruf von SPA8 fügen wir ab Zeile 85261 im Unterprogramm AUSSPA ein:

```
85261      IF (REF(I2,1) .EQ. 8.)
85262      * CALL SPA8 (I1 , I4 , X , REF(I2,2) , ... , REF(I2,7) , &1000)
```

In allen Moduln des Programms sind Änderungen vorzunehmen, soweit die
Felder dort vorkommen:

a) Die Vereinbarung DIMENSION X(3,3) ist zu ändern in DIMENSION X(5,3) .

b) Die Vereinbarung DIMENSION I4(3) ist zu ändern in DIMENSION I4(5)   .

c) Die Vereinbarung COMMON /ES/ ELST(12,12) ist zu ändern in
   COMMON /ES/ ELST(20,20) .

Im Unterprogramm EINGAB ist zu ändern:

```
11075 2100  READ (50,11,ERR=8000) IST , I1 , I2 , I3 , (I4(M) , M = 1,5)
11080 11    FORMAT (A1 , I4 , 7I5)
11225 12    FORMAT (1H ; 3(8X,I4) . 5(4X,I4))
```

Für den Elementtyp Balken bietet sich eine sinnvolle Erweiterung des
Programms durch einen neuen Elementtyp an. Im Programm ist bisher nicht
die Eigenschaft realisiert, daß in einem Knoten nur Längs- und Querkräfte
übertragen und Momentenübertragung verhindert werden (gelenkige Lagerung).
Dies kann durch einen besonderen zusätzlichen Balkenelementtyp erreicht
werden, für den einer oder beide Knoten gelenkig gelagert sind. Ein
solcher Elementtyp ist z.B. in [4] beschrieben.

LITERATUR

[1]   Cheung,Y.K., Yeo,M.,F.:   A practical introduction to Finite
                                      Element Analysis,
                                      Pitman 1979

[2]   Dhatt,G., Touzot,G.:   The Finite Element Method Displayed,
                                      John Wiley & Sons 1984

[3]   Gawehn,W.:   Finite-Elemente-Methode, Lehrbuch
                                      Vieweg 1985

[4]   Kammerl,A.:   Matrix-Steifigkeits-Methode für den HP-41
                                      Vieweg 1984

[5]   Pflüger,A., Spitzer,H.:   Beispielrechnungen zur Statik der Stab-
                                      tragwerke,
                                      Springer Verlag 1984

[6]   Schwarz,H.R.:   FORTRAN-Programme zur Methode der
                                      finiten Elemente,
                                      Teubner Stuttgart 1981

[7]   STATAN-Anwenderhandbuch,
        Herausgeber: Fachgebiet für Maschinenelemente und Getriebe,
                      TH Darmstadt 1975

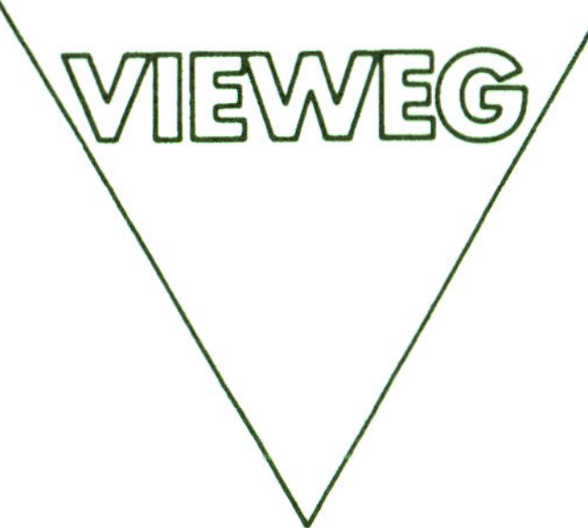

Wilfried Gawehn

Finite-Elemente-Methode

Lehrbuch. Grundbegriffe der Energiemethoden und FEM in der linearen Elastostatik. 1985. VIII, 202 S. mit 105 Abb. und 63 Beispielen. 16,2 X 22,9 cm. Brosch.

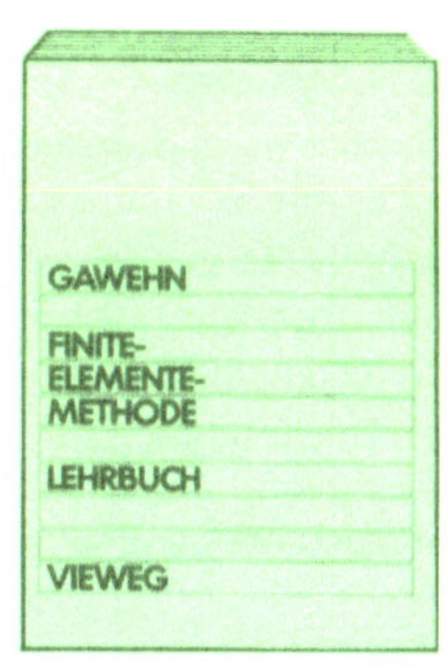

<u>Inhalt:</u> Grundbegriffe der Matrizenrechnung — Lösungsverfahren für lineare Gleichungssysteme — Spannungen — Die Deformation des belasteten Körpers — Die Stoffgesetze — Die Gleichgewichtsbedingungen am belasteten Körper — Die Gleichungen des belasteten dreidimensionalen Körpers — Integralsätze — Die Energiesätze der linearen Elastizitätstheorie — Die Matrixsteifigkeitsmethode — Variationsmethoden — Die Formulierung der FEM über das Prinzip von Minimum der totalen potentiellen Energie.

Ohne die Finite-Elemente-Methode ist die Lösung von Problemen aus der Festigkeitslehre, Strömungslehre, Elektrotechnik usw. nicht mehr denkbar. Die Komplexität der realen Problemstellung verlangt nach einer Lösung, die erst durch die Bereitstellung leistungsfähiger Rechner und geeigneter Methoden zufriedenstellende Praxisergebnisse brachte.

Dieses Buch gibt einen ersten Einblick in die Finite-Elemente-Methode innerhalb der Elastostatik. Hierzu werden die mathematischen Grundlagen sowohl der linearen Elastizitätstheorie als auch der FEM ausführlich vorgetragen. Das Verfahren der FEM wird auf die Verschiebungsmethode beschränkt. Hat der Anfänger das Prinzip verstanden, kann er leicht auf andere Anwendungsbereiche wechseln.

Das Buch ist für den Anfänger, Studenten oder Ingenieur konzipiert. Der Leser kommt ohne zusätzliche Literatur aus. Das Buch eignet sich für den theoretisch Interessierten, der eine untermauerte Einführung verlangt, wie für den Praktiker, der die mathematischen Kapitel überlesen kann.

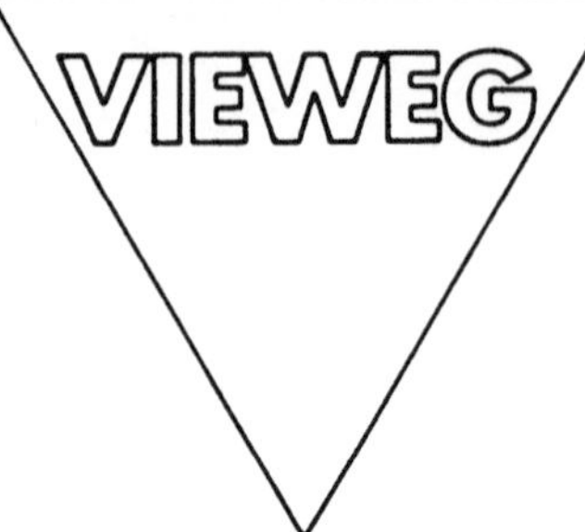

Erwin Lacher
CAD-Systeme

Grundlagen und Anwendungen der geometrischen Datenverarbeitung. 1984. IV, 212 S. mit 59 Übungsaufgaben. 16,2 X 22,9 cm. Brosch.

Inhalt: Erfassung geometrischer Informationen — Speichern und Wiederauffindung geometrischer Informationen — Verarbeitung geometrischer Informationen — NC-Fertigung — Methode der Finiten Elemente — Robotereinsatz.

Das Buch betrachtet unter dem Gesichtspunkt der Eingabe, Speicherung, Verarbeitung und Ausgabe von geometrischen Informationen die wichtigsten Anwendungsgebiete der geometrischen Datenverarbeitung.

Theodor Lehmann
Elemente der Mechanik
Band 2: Elastostatik

2., durchges. Aufl. 1984. 355 S. mit 210 Abb. 15,5 X 22,6 cm. (Studienbücher Naturwissenschaft und Technik, Bd. 15.) Pb.

Inhalt: Allgemeine Grundlagen der Mechanik deformierbarer Körper — Materialgesetz für elastische Körper — Stab-Biegung mit Normal- und Querkraft — Torsion prismatischer Stäbe — Eben gekrümmte Stäbe (Bogen) — Energiebetrachtungen in der linearen Elasto-Statik — Stabilitätsprobleme der Elasto-Statik — Statik der Seile — Einfache rotationssymmetrische Probleme der linearen Elasto-Statik — Zweidimensionale ebene Probleme der linearen Elasto-Statik — Elasto-Statik der Scheiben, Platten und Schalen — Elemente der theoretischen Beschreibung des inelastischen Werkstoffverhaltens.

Das Buch vermittelt dem Studenten des Maschinenbaus und des Bauingenieurwesens eine sorgfältige Einführung in die Elastostatik, die auch als Grundlage für ein vertieftes Studium dienen kann, ergänzt durch eine Einführung in das inelastische Verhalten von Werkstoffen.